Friedrich Kanjahn

Gedanken in schwerer Zeit

Friedrich Kanjahn

Gedanken in schwerer Zeit

Andachten der Hoffnung

Fromm Verlag

Imprint
Any brand names and product names mentioned in this book are subject to trademark, brand or patent protection and are trademarks or registered trademarks of their respective holders. The use of brand names, product names, common names, trade names, product descriptions etc. even without a particular marking in this work is in no way to be construed to mean that such names may be regarded as unrestricted in respect of trademark and brand protection legislation and could thus be used by anyone.

Cover image: www.ingimage.com

Publisher:
Fromm Verlag
is a trademark of
Dodo Books Indian Ocean Ltd. and OmniScriptum S.R.L publishing group

120 High Road, East Finchley, London, N2 9ED, United Kingdom
Str. Armeneasca 28/1, office 1, Chisinau MD-2012, Republic of Moldova, Europe
Printed at: see last page
ISBN: 978-613-8-37895-2

Vorwort

Nach „Andachten zwischen Steinhuder Meer und Heide" habe ich nun einen zweiten Band mit Andachten aus den letzten Jahren zusammen gestellt. Die Themen orientieren sich großenteils am Kirchenjahr. „Andachten zum Mitnehmen" habe ich ursprünglich als kleiner Ersatz für Gottesdienste, die im Corona-Lockdown nicht gefeiert werden durften, entwickelt. Die Nachfrage nach diesen Andachten nahm jedoch nur langsam ab, als schon längst wieder Gottesdienste möglich wurden. So habe ich diese Reihe noch einige Zeit weitergeführt, immer ergänzt um Bibeltexte, Gebete und Segensworte. Ausgewählte Andachten dieser Reihe können Sie nun lesen.

Erntedank im Kuhstall

Das Wetter lässt den Herbst angenehm erscheinen. Bäume, die einen Teil ihres Laubes in der Trockenheit verloren haben, lassen weiter Blätter fallen. Die Sonne bestrahlt letzte Blüten in den Gärten. Die Zeit der Erntefeste ist auf ihrem Höhepunkt angelangt.

In vielen Kirchengemeinden fand am letzten Sonntag der Gottesdienst zum Erntedank statt. In unserer Kirchengemeinde wurde dieser Gottesdienst draußen in einem halboffenen Stall gefeiert, dort, wo sonst Maschinen stehen. Ein großer Strohballen diente als Ernte-Altar, unmittelbar dahinter waren Kühe untergebracht. Sie verfolgten den Gottesdienst auf ihre Weise, neugierig, ruhig und zufrieden. Und draußen schien warm die Sonne.

Erntedank einmal anders. Dabei ist gerade in diesem Sommer klar sichtbar geworden, dass Erträge in der Landwirtschaft nicht planbar sind wie in der Industrie. Die Abhängigkeit vom Wetter ist erheblich. In diesem Jahr sind die Erträge deutlich niedriger ausgefallen, aber abhängig von der Bodenqualität. Es gibt Gebiete in Norddeutschland, in denen sich die Dürre noch stärker ausgewirkt hat als rund um das Steinhuder Meer. In anderen Gegenden hat es im September kräftig geregnet, es ist noch möglich, weiteres Winterfutter zu gewinnen. Wohl sind Wetterbedingungen grundsätzlich ein betriebswirtschaftliches Risiko, aber eine solch lange Trockenheit war bisher nicht zu erwarten.

Klar, unsere Erträge und Erfolge sind nicht nur Folge unserer Bemühungen. Gesundheit und Leistungskraft sind nicht selbstverständlich. Wir haben Grund, Gott zu danken. Aber was haben wir davon?

Eigentlich nichts. Allerdings: das Danken bringt uns Gott in den Blick. Durch seine Gaben hindurch schauen wir auf Gott, der fern ist und doch nahe. Der sich uns Menschen zuwendet.

Erntedank geht es ums Danken, es geht um noch mehr, um Gott.

Darum:

„Dankt dem Herrn, denn er ist gut zu uns, seine Liebe hört niemals auf."

(Psalm 106,1; Gute Nachricht)

Erntedank 2019

Leistung von Geburt an?

Für Familien mit schulpflichtigen Kindern hat nach den Sommerferien wieder der Alltag begonnen. Noch sind die Abläufe eher mühsam, das rechtzeitige Aufstehen, der Weg in die Schule, die Zeit der Konzentration und die Hausaufgaben.

Für die Kinder, die an diesem Samstag eingeschult werden, beginnt ein neuer Lebensabschnitt. Sie erleben eine neue Welt, werden lesen, schreiben und rechnen lernen. Das ABC wird wichtig und später das kleine Einmaleins. Die Schulanfänger wollen etwas leisten. Und es wird auch von ihnen erwartet. Leistung ist gefragt, eigentlich schon von Anfang an. Kinder sollen möglichst bald laufen lernen, dann sprechen lernen. Und den eigenen Namen schreiben.

Kinder lernen früh, dass unser Alltag aus Leistung besteht. Leistung ist zumindest ein sehr wichtiger, für manche der wichtigste Wert im Leben. Den Leistungsanforderungen genügen, denen der Lehrer, der Firmenchefs, aber auch den eigenen Erwartungen.

Wenn die körperlichen und seelischen Kräfte noch einen großen Vorrat haben, dürfte die geforderte Leistung kaum ein Problem sein. Aber dann kommen Zeiten, in denen Leistung (im Beruf) mühsam und mühsamer wird. Der Kraftaufwand wächst in das Unendliche.

Dann sinken hoffentlich die Leistungsanforderungen – sonst scheidet man aus oder wird in Rente geschickt, notfalls vorzeitig mit Abzügen.

Fordert Gott auch Leistung?

Natürlich kennen viele die Botschaft: Gott nimmt jeden Menschen an, unabhängig vom eigenen Stand oder von der eigenen Leistung.

Aber ist da nicht immer wieder von den Kanzeln hören: der Glaube hat Konsequenzen, der Glaube soll sich im Alltag bewähren. Ist das keine Leistungserwartung?

Nein, Gott erwartet keine bestimmte Leistung. Bei ihm gibt es kein Soll, das jeder erfüllen muss. Natürlich soll der eigene Glaube sich im Alltag auswirken. Das ist aber eine Auswirkung, keine Leistung, Nichts, was wir von uns heraus bewirken, sondern was Gott an uns und in uns tut.

In einer Welt von lauter Leistungsanforderungen, in der der Wert von Menschen nach ihrer Leistung gemessen wird, tut Gottes Erbarmen gut. Er nimmt jeden Menschen so an, wie er oder sie ist. Aber er lässt uns nicht so, er verändert uns in sein Bild. Wir sollen ihm ähnlich werden.

Brücke der Hoffnung

Ein kräftiger Windstoß weht den Kragen hoch, der Blick geht zum Horizont: in der Ferne die See. Ich stehe an der ostfriesischen Küste und schaue zu den Inseln.

Ein denkwürdiger Ort: „Brücke der Hoffnung" genannt. Auf Holztafeln viele hundert Metallplaketten mit Namen und Positionsangaben. Erinnerungen an Menschen, die auf See bestattet worden sind. Ein Reeder hat diesen Erinnerungsort in Harlesiel am Hafen anlegen lassen. Das Interesse scheint groß: diesen Ort gibt es erst seit einigen Jahren, aber schon etliche hundert Namensplaketten sind angebracht worden. Ein Ort der Erinnerung an einen geliebten Menschen, einen Moment verweilen, vielleicht ein Gebet sprechen und die Schiffsglocke läuten.

Es ist jedes Jahr ähnlich: mit dem November werden wir an die Vergänglichkeit des Lebens erinnert, und damit an den Abschied von geliebten Menschen.

Dabei gehen die Empfindungen und Erfahrungen in gegensätzliche Richtungen: wo soziale Beziehungen nur schwach ausgeprägt sind, spielen die Name der Verstorbenen und deren Bestattungsort eine geringe Rolle. Andere suchen noch Jahrzehnte nach dem letzten Krieg Spuren ihres Angehörigen in fernen Ländern. Hier leistet der Volksbund Deutsche Kriegsgräberfürsorge eine wichtige Unterstützung.

So verstehe ich auch den Wunsch, eine Erinnerungsstätte an Menschen zu haben, die auf See bestattet worden sind. Dort gibt es schließlich – anders als auf einem herkömmlichen Friedhof – keinen Ort, der jemals betreten werden kann.

Noch mehr: hier zeigt sich, wie wichtig der Name ist. Der Name, egal ob geliebt oder nicht, kennzeichnet unsere Persönlichkeit.

Da merken wir auf, wenn Hoffnung auf Auferstehung im Neuen Testament mit diesen Worten beschrieben wird: „Freut euch, dass eure Namen im Himmel geschrieben sind." (Lukas 10,20)

Diese Zusage hat Jesus seinen Freunden gegeben. Dieser Gedanke wird im letzten Buch der Bibel um das Bild vom Buch des Lebens ergänzt. In diesem Buch stehen die Namen. Ein tröstlicher Gedanke in diesen Tagen des Gedenkens an die Verstorbenen, auch an das eigene Leben. Unser Name ist bei Gott wichtig. Ich kann das auch in unserer Sprache ausdrücken: bei Gott gibt es keine bloßen Codes, sondern ihm ist unser Name wichtig. Er behält ihn in Erinnerung bei sich, über dieses Leben hinaus. Das ist christliche Hoffnung, auf das Leben bei Gott in seiner Dimension.

Klare Rede

Von Jesus wird auch dieser Satz überliefert: *„Eure Rede sei Ja ja, nein, nein; was darüber ist, ist vom Bösen.“* Diese Aussage steht in der Bergpredigt, Matthäus Kapitel 5, Vers 37. Im ersten Moment ein lapidarer Satz. Bis vor Kurzem erschien mir dieser Bibelvers so. Verständlich, aber nicht unbedingt wichtig.

In Gesprächen und in den Medien habe ich in der letzten Zeit immer häufiger wieder von „sollen“ und anderen unklaren Ausdrucksweisen gehört, wenn von Fakten die Rede war, beweisbar und klar. Aber manche legen sich nicht fest und sprechen anstelle davon, dass etwas Bestimmtes geschehen ist, dass es geschehen sein soll. Dabei steht das Ereignis als Tatsache fest. Mit der Beschreibung „sollen“ wird die Tatsache aber infrage gestellt. Eine solche Ausdrucksweise findet sich sogar hin und wieder in Zeitungen oder in sozialen Medien. Was steckt dahinter? „Fake-News“, also Falsch-Nachrichten? Oder wird nur das als Wahrheit, als Fakt angesehen, was dem einzelnen Menschen nützt? Manche mögen einwenden, dass man in manchen Fällen sogar von „sollen“ sprechen muss, wenn es nämlich um Tatvorwürfe gegen Beschuldigte geht, das Gericht die Schuld aber noch nicht festgestellt hat. Das ist hier nicht gemeint.

Es geht um Redeweisen im Alltag. Warum scheint es leichter zu sein, eine Tatsache mit einem „sollen“ eher zu bezweifeln als sich festzulegen? Ist das ein Ausdruck von Unsicherheit? Oder von Vorsicht, keinen eigenen Standpunkt zu verraten, der angreifbar machen könnte?

Auf unklare Aussagen kann sich letzten Endes niemand verlassen. Darum ist es besser, möglichst wenig – und wenn wirklich überlegt – mit „sollen“ zu beschreiben statt als Fakten zu benennen.

So treffen uns die Worte Jesu. Er erwartete damals eine eindeutige Rede, eine klare Aussage und kein Verstecken.

Klare Worte können zum Leben helfen.

Trost?

Vorhin beim Einkaufen: manche stehen trotz Kontaktverbot ziemlich dicht zusammen. Andere dagegen achten auf Abstand und grüßen höflich, obwohl man sich nicht kennt. Nicht wenige tragen einen Mundschutz, um sich zu schützen.

Wie geht es weiter? Wie lange wird diese Zeit noch dauern?

Aus dem Predigttext für den 22. März: *„Ich will euch trösten, wie einen seine Mutter tröstet.“*

So hat Gott seine Nähe seinem Volk Israel versprochen, in der Fremde in Babylon. Ungewiss, wie lange diese Zeit fern der Heimat dauern sollte, wie lange sie als Fremde in der Verbannung leben sollten.

Und dann dieses großartige Bild, großartig, weil die meisten Menschen Gott = Mann denken, weil er fast immer mit einem guten Vater verglichen wird.

Schon durch das „Vaterunser" ist dieser Vergleich tief eingeprägt. Dabei steht Gott über den Geschlechtern. An dieser Stelle wird das besonders deutlich: Gott wendet sich seinem Volk zu wie eine Mutter: Sorge, Wärme, Geborgenheit.

Tief drinnen möchten manche diese Worte heute auf sich beziehen, in dieser Situation, heute, jetzt. Ich denke, dass das auch so gemeint ist: Gott sorgt auch für uns heute in unserem Wohnort, in unserem Land, auf unserer Erde. Ihm können wir vertrauen, er schweigt nicht. Er steht auf unserer Seite und tröstet die, die erschüttert und tief verunsichert sind.

Gott spricht: *„Ich will euch trösten, wie einen seine Mutter tröstet.“*
(Jesaja 66, 13)

Andacht zum Mitnehmen   25.03.2020 – kurz nach Beginn des ersten Lockdowns wegen Corona

Unnötig verschwendet?

Investitionen müssen sich lohnen. Was ich für Menschen oder für ein Projekt einsetze, muss sich rechnen. Im Moment allerdings geht es eher um das wirtschaftliche Überleben von Selbstständigen, kleinen und größeren Firmen. Und um die eigene Zukunft.

Nun diese Geschichte: Jesus ist mit seinen Jüngern eingeladen. Da kommt eine Frau herein, nimmt ein kleines Fläschchen mit kostbarem Öl, geht auf Jesus zu und verteilt dieses Öl auf seinen Kopf. Diese Handlung war an sich schon unerhört: eine unbekannte Frau nähert sich einem Mann.

Die Freunde Jesu regen sich auf und weisen die Frau zurecht. Welche Verschwendung: so ein kostbares Öl für Jesus! Im Wert eines durchschnittlichen Jahresverdienstes eines Arbeiters, eine ungeheure Summe. Wir könnten dafür ein Auto kaufen. Wie vielen Armen hätte für einige Zeit geholfen werden können! Parfüm für Jesus, aber kein Brot für die Welt!

Wie recht die Freunde Jesu doch haben! Jesus steht immer auf der Seite der Armen. Und jetzt lässt er sich diese Verschwendung gefallen?

Er sagt nicht: „Das wäre nicht nötig gewesen.", nein, er sagt: „Das hat sie zu meinem Begräbnis getan, so hat sie ihre Liebe gezeigt." Und „Arme gibt es immer, kümmert euch um sie." Diese Geschichte steht bei Markus 14, 3-9.

Die Freunde Jesu treten für die Armen ein. Wer will ihnen widersprechen? Allerdings: es ist nicht ihr Geld, sondern das Geld dieser Frau, über das verfügen wollen. Sie wollen nicht sehen, was diese Frau bewegt, ihre Hingabe an Jesus und damit an Gott.

Hier die Liebe zu Gott – dort die Liebe zu den Nächsten. Was ist wichtiger: Gott oder die Mitmenschen? Die Freunde Jesu sehen nur die Verschwendung. Sie rechnen.

Aber Gott rechnet nicht. Er hat uns zuerst geliebt, wir leben von seinem Ja. Jesus hat sein Leben für uns Menschen gegeben. Betriebswirtschaftlich völlig unsinnig. Die Liebe als Investition, die nicht kalkulierbar ist, nicht mit Geld aufzuwiegen. Lohnt sich Gottes Liebe?

Wir denken an den Weg Jesu bis an das Kreuz, an seinen Weg in die Tiefen menschlicher Existenz. Jesus ist diesen Weg nicht heldenhaft gegangen, sondern auch mit Zweifeln und Fragen. Er hat sein Leben hingegeben, damit wir Hoffnung haben. Er schenkt uns seine Liebe, damit wir leben können.

Auch in diesen Tagen, in denen das Leben eingeschränkt ist. In denen wir anderen nicht die Hand geben können oder die umarmen, die uns wichtig sind. All das ist nicht möglich, um die weitere Ausbreitung des Virus zu verlangsamen. Wir müssen uns abgrenzen, den Mindestabstand wahren. Einweghandschuhe und Mundschutz sind dafür deutliche Zeichen. Auch in dieser Zeit ist Gott für uns da. Dass wir Kontakte anders wahrnehmen, über Telefon, Brief, Mail oder Chat. Oder von draußen ins Fenster oder beim Spazierengehen mit dem gebotenen Abstand.

Die Verschwendung der Frau war ihre Antwort auf die Zuwendung Jesu, auf die Liebe Gottes. Wir können nur zu Hause oder in der Natur beten, unsere Gedanken in Worte an Gott fassen. Unausgesprochen oder mit unserer Stimme. Wir antworten Gott auf seine Investition der Liebe.

Jesus Christus,

wir stehen mit leeren Händen vor dir.

Müde von unseren Sorgen und Gedanken.

Danke, dass wir alles vor dich hinwerfen können.

Die Bruchstücke unseres Lebens.

Sieh alles gnädig an.

Und dann wirf uns Kraft zurück.

Deine Kraft zum Widerstehen.

Deine Kraft zum Leiden.

Deine Kraft zum Lieben.

Gottes Kraft.

Danke. Amen.

Andacht zum Mitnehmen – 05. April 2020

Kontaktverbot?

Was in diesem Jahr in unserem Land geschieht, ist undenkbar in der Geschichte der Christenheit: Gottesdienste zu Karfreitag und Ostern mit Teilnehmerinnen und Teilnehmern sind verboten.

Und doch: gerade in dieser Situation klingt die Botschaft von Karfreitag besonders deutlich: Jesus ist in die Tiefen menschlichen Leidens gegangen. Er hat keine Tiefe ausgespart, damit deutlich wird: Gott ist auch in der Tiefe, in der Verzweiflung, in der Gottesferne. Er ist gerade dort, wo er am weitesten weg zu sein scheint.

Unsere Gesellschaft hat sich in den letzten Jahrzehnten nur noch punktuell mit der Frage nach Sterben und Tod beschäftigt. Das Thema wurde gern weg geschoben, in die ferne Zukunft. Jetzt aber, angesichts von Bildern mit vielen Särgen, ist das Thema da. Wie wird Corona sein, wie wird es sich auswirken? Bei vielen verläuft die Krankheit Covid-19 sehr leicht, mit geringen Symptomen. Andere erleben sie sehr schwer. Einzelne benötigen Intensivbetreuung, sogar Beatmung. Und es sterben Menschen daran, nicht nur ältere oder mit bekannten Vorerkrankungen.

Der Tod Jesu am Kreuz liegt im Dunkel der Geschichte. Damals war das Geschehen unbedeutend, es gab noch keine Medien nach heutigem Verständnis. Datieren lässt sich die Kreuzigung darum nur ungefähr. Das alles schmälert ihre Bedeutung jedoch nicht.

Davon sprechen Worte, die in diesem Jahr zum Predigttext gehören: *„Denn Gott war in Christus und versöhnte die Welt mit sich selbst und rechnete ihnen ihre Sünde nicht zu und hat uns das Wort von der Versöhnung gegeben." (2. Korinther 5, 19)*

Versöhnung ist das Thema am Karfreitag, es wird wieder eins, was zusammen gehört. Wir denken an enge Kontakte außerhalb der eigenen Familie, die uns jetzt verwehrt ist.

Im Blick auf Gott kann uns niemand einen engen Kontakt verbieten. Wir können ihn bitten, wir können ihm sagen, was uns bewegt, was uns beunruhigt oder ängstigt.

Etliche, mit denen ich in den letzten Tagen gesprochen habe, haben die freien Zeiträume zum Aufräumen genutzt. Sortieren und sich trennen von unnötigen Dingen, was nicht mehr gebraucht wird oder kaputt ist.

Manchmal tut uns auch Aufräumen im übertragenen Sinn gut: Gott sagen, was nicht gut gewesen ist im Leben, wo wir uns nicht eingesetzt haben – und wir hätten es doch tun sollen. Oder wo wir das Falsche getan haben. Oder zu sehr eigene Interessen verfolgt haben.

Beichte gibt es nicht nur in der katholischen Kirche, sondern auch in der evangelischen. Gegenwärtig ist die Beichte im Vollsinn, nämlich vor einem Menschen des eigenen Vertrauens, nicht möglich. Aber wir können Gott sagen, was uns bewegt, wir können vor ihm unser Leben aufräumen (lassen), er möchte Versöhnung.

Übrigens: das deutsche Wort „Versöhnung" hat nichts mit Sohn zu tun, sondern ist eine Ableitung von „Versühnung" und bedeutet *wieder gut machen, schlichten."*

Karfreitag heißt: wir sind getragen von Gott, wie groß oder wie klein unser Vertrauen auch ist. Gott ist für uns, er steht für uns.

Andacht zum Mitnehmen   - Karfreitag 10. April 2020

Hoffnung gegen Corona

Wie der Evangelist Markus die Ostergeschichte überliefert, endet die Geschichte wie sie nicht enden sollte: voller Entsetzen fliehen die Frauen vom Grab Jesu. Sie sagen niemand etwas von dem, was sie gesehen und gehört haben.

Dazu kommt noch, dass Frauen als nicht unbedingt glaubwürdig galten. Vielleicht würde man sie sogar als verrückt einstufen, wenn sie vom leeren Grab erzählten. Tot ist tot, das weiß doch jeder! Wie kann ein Grab leer sein? Eine Leiche kann nicht wegspazieren! Es sei denn, sie wäre nicht wirklich tot. Aber der Tod Jesu war durch einen Soldaten festgestellt worden.

In diesem Jahr scheint das Alltagsleben wie erstarrt. Die Begegnungen zwischen Menschen sind immer von körperlicher Distanz bestimmt. Keine Händeschütteln, keine Umarmung. Viel mehr Telefongespräche oder Mails oder Skype.

Das Leben ist wie eingefroren. Auch wenn das Wetter lockt, sind die Straßen ziemlich leer. Die Staus auf den Autobahnen zu Ostern – in diesem Jahr gibt es sie nicht.

Die einen warten auf Lockerung der Kontaktsperre, andere mögen nicht daran denken, welche Zukunft sie mit ihrem Geschäft haben, wenn die Beschränkungen noch länger andauern. Wie sie wirtschaftlich überleben können.

Und auf einmal ist der Tod ins Leben getreten, Bilder von Särgen begegnen uns im Fernsehen und in den sozialen Medien. Glücklicherweise ist die Todesrate in unserem Land noch niedrig. Aber Ängste sind da, gerade bei Menschen aus den sogenannten Risikogruppen. Die Berichte aus schwer betroffenen Pflegeheimen verringern Ängste nicht.

Angst lässt erstarren, wie die Frauen im Grab Jesu. Was löst ihre Angst?

Die Botschaft des jungen Mannes ist ihnen mit jeder Stunde nach dieser schlimmen Begegnung tiefer in ihr Bewusstsein gedrungen.

„Entsetzt euch nicht! Ihr sucht Jesus von Nazareth, den Gekreuzigten. Er ist auferstanden, er ist nicht hier." (Markus 16,6)

Die Begegnung mit dem Tod bringt Entsetzen – wie am Gründonnerstagabend im Fernsehen ein Bericht aus Ecuador: notdürftig abgedeckte Leichen auf den Straßen, sie warten auf Bestatter. Tot ist tot, der Tod ist endgültig, das ist unsere Erfahrung.

Darum ist die Botschaft von Ostern auch so unglaublich, sie übersteigt unsere Erfahrung und verwandelt sie.

Für Jesus war das anders. Die Auferstehung sprengt jedes menschliche Verstehen. Sie ist nichts anderes als der Beginn der neuen Schöpfung Gottes. Jenseits aller Vergänglichkeit, aller Bedrohung des Lebens.

Wir sollen heute wieder hören und wahrnehmen: der Tod ist besiegt, Corona kann töten, aber Corona kann uns nicht die Hoffnung auf das Leben nehmen. Wenn wir von lieben Menschen Abschied nehmen müssen, so kann das sehr weh tun. Abschiedsschmerz kann einen förmlich zerreißen.

Aber der Tod hat nicht das letzte Wort, sondern Gott. Auferstehung bedeutet: Das Leben geht nicht einfach weiter, es gibt kein Leben 2.0, kein neues Level wie bei vielen Spielen. Das Leben wird abgelöst durch ein neues, ganz anderes Leben.

Das ist die Hoffnung, die wir Christen seit der Auferstehung Jesu haben können. Diese Hoffnung will zur Gewissheit werden. Zum Angelpunkt unseres Glaubens und Lebens.

So hören wir den Osterruf: „Der Herr ist auferstanden, er ist wahrhaftig auferstanden. Halleluja!"

Andacht zum Mitnehmen - Ostersonntag 12. April 2020

Hoffnung in Sicht

sehnsüchtig haben viele, sicher von Ihnen, am letzten Mittwochnachmittag auf die Nachrichten geachtet: gibt es Lockerungen im Kontaktverbot? Und dann die nüchterne Bilanz: ja, es gibt erste Schritte, aber für weitgehende Lockerungen ist es noch zu früh. Und die Schicksale mancher an Covid-19 Erkrankte sind schlimm.

Dieses Osterfest liegt hinter uns mit seinen Einschränkungen. Mir persönlich sind zwei Dinge aufgefallen: Ostern ist nicht nur die Erinnerung an die Auferstehung Jesu, sondern es ist ein Fest, zu dem andere dazu gehören, Gemeinschaft. In den Gottesdiensten, für viele auch beim Osterfeuer.

Und das zweite: noch nie wurde so intensiv in allen Medien über die kirchliche Situation zum Osterfest berichtet. An Ostern ist so gut wie niemand vorbei gekommen.

Doch was haben wir von Ostern, wenn wir an den Alltag denken, an die vielen Tage, die noch vor uns liegen, bevor der Alltag wieder vollständig normal sein könnte (das dürften Monate sein)?

Im vorgeschlagenen Predigttext am Sonntag nach Ostern gibt es Verse, die Mut machen:

„Den Erschöpften gibt Gott neue Kraft, und die Schwachen macht er stark.

Selbst junge Menschen ermüden und werden kraftlos, starke Männer stolpern und brechen zusammen.

Aber alle, die ihre Hoffnung auf den Herrn setzen, bekommen neue Kraft. Sie sind wie Adler, denen mächtige Schwingen wachsen. Sie gehen und werden nicht müde, sie laufen und sind nicht erschöpft." (Jesaja 40, 29-31)

Wer keine Hoffnung mehr sieht, starrt vor sich hin oder blickt nur noch auf den Boden.

Der Prophet ermutigt dazu, die Blickrichtung zu ändern: „Setzt eure Hoffnung auf den Herrn." Wer das tut, öffnet sich für neue Erfahrungen mit Gott.

Vordergründig war alles am Ende, als Jesus starb. Die junge Jesus-

Bewegung war tot. Darum ist für viele das Kreuz ein Zeichen der Gewalt und des Todes. Sie können nicht glauben, dass diese Gewalt nötig war, um die Liebe Gottes auszudrücken. Mit der Auferweckung Jesu Christi von den Toten wurde klar: Gott hat Jesus nicht verlassen, er steht zu seinem Sohn. Es gibt Hoffnung für diese Welt, für alle, die sich Gott anvertrauen und von ihm nicht loslassen.

Wer einen Adler am Himmel gesehen hat, und sei es nur im Fernsehen, wird dieses Bild nicht vergessen: er schwebt scheinbar mühelos in der Luft und beobachtet das Leben in der Landschaft.

Doch wie kann uns dieses Bild helfen?

Martin Luther hat diese Worte so übersetzt *„die auf den Herrn harren, kriegen neue Kraft."* Das ist nicht so deutlich, prägt sich aber besser ein. Im Alltag benutzt wohl niemand mehr das Wort „harren". Wir kennen vielleicht noch die Ausdrücke „beharrlich" und „Beharrungsvermögen". Im Hebräischen steht dort ein Wort, das bedeutet „der Belastung standhalten". Harren ist ein aufmerksames Ausschauen auf das, was Gott versprochen hat.

So können wir ihm das sagen, was uns bewegt, was uns ermüdet und Kraft aufzehrt. Wir können ihm auch danken für jeden schönen Moment, für die Sonne und das Leben in der Natur.

Andacht zum Mitnehmen - Sonntag 19. April 2020

Wem folgen?

Die erste Woche mit spürbaren Lockerungen liegt hinter uns. Viele warten auf weitere Lockerungen: Gaststätten, Hotels, Kirchen, u.a.. Wir müssen uns offensichtlich auf eine lange Zeit der Einschränkungen einrichten. Manche Virologen sprechen von mindestens einem Jahr, bis es einen Impfstoff in ausreichender Menge geben wird.

Wem folgen wir? Den führenden Virologen? Unserer Bundeskanzlerin oder unserem Ministerpräsidenten?

Es ist wichtig, auf sie zu hören. Ebenso wichtig ist es, den getroffenen Maßnahmen Folge zu leisten.

Die Frage ist aber noch ehr eine Frage an unser Leben: Wem folgen wir im Innersten?

Viele Jahre nach Jesus waren vergangen. Die christliche Botschaft war durch Paulus und andere Apostel rund das um das Mittelmeer verbreitet worden. An etlichen Orten hatten sich frisch getaufte Christinnen und Christen zu Gemeinden zusammen gefunden, Interessierte waren dazu gekommen. Aber es gab auch eine andere Entwicklung: einzelne Christen wurden in Gefängnisse geworfen, die christliche Bewegung wurde spürbar behindert.

In den verbliebenen Gemeinden machte sich Unsicherheit breit: wem sollten die Christen folgen? Wie war das mit dem Glauben?

In einem der Briefe, die in dieser Zeit in den Gemeinden vorgelesen wurden, wird in einem kurzen Abschnitt eine deutliche Antwort formuliert. Ein Ausschnitt daraus (1. Petrusbrief, Kapitel 2, 21+25): *„Christus hat für euch gelitten und euch ein Beispiel gegeben, damit ihr seinen Spuren folgt.*

Ihr wart wie Schafe, die sich verlaufen haben; jetzt aber seid ihr auf den rechten Weg zurückgekehrt und folgt dem Hirten, der euch leitet und schützt."

Die verunsicherten Christinnen und Christen bekamen zu hören: Folgt den Spuren Jesu nach, seht zu, dass ihr werdet wie er, der für die Menschen gelebt hat. Folgt ihm wie einem Hirten, der für seine Schafe und Ziegen sorgt.

Vermutlich wird der Alltag sich erst allmählich wieder normalisieren können. Das Leben wird dann anders sein als vor Corona. Das betrifft auch das Leben in den Kirchengemeinden, und damit die praktische Seite unseres Glaubens. Unser Glaube hat zur Zeit keinen anderen Ort als unseren Alltag in der Kontaktsperre. Kirchen dürfen nur unter Aufsicht geöffnet werden, und nur für wenige Menschen zur gleichen Zeit. Gottesdienste kommen nicht infrage. Nur im Fernsehen, nur im Internet, aber nicht körperlich miterlebbar.

Und - irgendwie geht es auch. Auch wenn viele Menschen Gemeinschaft im Glauben über die eigene Familie hinaus vermissen.

Wichtig ist in dieser Lage, dass unser Glaube Kraft bekommt, dass wir Ihm folgen, Jesus Christus. Wichtig ist die Möglichkeit zum persönlichen Gebet, in der Stille oder auf einem Spaziergang.

Da hilft das Bild von der Fußspur Jesu, der wir folgen sollen. Da kann auch das Bild vom guten Hirten helfen, der da ist für alle, die ihm anvertraut sind. Der Kraft gibt, der Wege zeigt und schützt. Er hat sich auch für uns im wahrsten Sinn aufgeopfert, sein Leben hingegeben.

So können wir gespannt sein, welche Veränderungen diese Zeit auf die Dauer mit sich bringen wird. Wie sich Werte verändern.

Eines wird bleiben: Jesus, der gute Hirte, der, dessen Fußspur wir folgen sollen. Und das ist gut für uns.

Andacht zum Mitnehmen 26. April 2020

Kontaktverbot ? Enge Verbindung!

Nun liegen schon zwei Wochen mit spürbaren Lockerungen hinter uns, Geschäfte haben wieder geöffnet, Der erste Schulunterricht hat begonnen. Und der Mundschutz gehört für so gut wie alle zum Alltag. Viele wünschen sich weitere Lockerungen und das möglichst schnell. Andere halten die ganzen Beschränkungen und deren gravierende Folgen für Unsinn. Und wieder andere wollen die Einschränkungen tragen, um die Ansteckungsgefahr weiter zu verringern. Denn nach wie vor gibt es weder erprobte Medikamente noch einen Impfstoff. Woran sollen wir uns halten, woran orientieren?

Worte für diesen Sonntag zeigen einen Weg. Jesus stellt sich seinen Freunden mit einem Bild vor:

„Ich bin der Weinstock und ihr seid die Reben. Wer in mir bleibt und ich in ihm, der bringt viel Frucht." (Johannes 15,1)

Der Weinstock gehört nicht zu unserem Alltag, auch wenn in manchen Gärten Weinstöcke wachsen, aber es ist eben kein Weinberg. Warum hat Jesus dieses Bild verwendet? Weil in seiner Zeit so gut wie jeder Haushalt irgendwo Weinstöcke hatte, Wein gehörte in verdünnter Form zum Alltag, normaler Wein war das Festgetränk. Darum war der Weinstock Bestandteil des Alltags. Wie müssen wir dieses Bild immer übersetzen? Die Rebe, das heißt der Zweig, an dem die Trauben hängen, kann nur Trauben bringen, wenn sie eine gute Verbindung mit dem Weinstock hat. Das ist klar. Die Rebe darf nicht halb abgebrochen sein.

Jesus sagt mit diesem Bild: genauso ist das auch mit Euch, mit allen, die auf mich hören und mir vertrauen wollen: ihr bringt Frucht, wenn ihr in Verbindung mit mir lebt. Dann lebt ihr für Gott und für eure Mitmenschen. Mit Jesus verbunden sein bedeutet, auf Jesus zu hören. Für uns heute heißt das: in der Bibel lesen – und dazu ebenso aufmerksam die Nachrichten des Tages wahrnehmen. Dann können wir entdecken, dass Worte der Bibel manche Nachrichten in einem anderen Licht erscheinen lassen. Andere Worte geben einen neuen Blick und damit neue Kraft. Oder sie vermitteln eine Grundlage, damit uns nicht jede neue Nachricht unsicher macht.

Auf Jesus hören, heißt dann auch leben wie er es gewollt hat und will: Gott lieben und den Mitmenschen lieben wie sich selbst. Und das gibt dann einen Maßstab in dieser Zeit. Nicht zuerst auf das schauen, worauf wir verzichten müssen, wo ich eingeschränkt werde, sondern auf andere Menschen schauen,. Auf Menschen, die sich aus Angst selbst isoliert haben. Oder auf solche, die allein leben und jetzt Einsamkeit durchleben. Sie entwickeln Ideen, wie Sie solche Menschen ermutigen können, beispielsweise durch einen Gruß oder eine Karte.

Andacht zum Mitnehmen   10. Mai 2020

Gott loben in Beschränkungen?

„Singet" - das ist der Name dieses Sonntages. Für diesen Sonntag war die jährliche Konfirmation.

Seit diesem Sonntag dürfen wieder Gottesdienste gefeiert werden, allerdings unter den mittlerweile bekannten Bedingungen wie Mundschutz und Mindestabstand – und ohne gemeinsamen Gesang. Ausgerechnet an diesem Sonntag, an dem vom Kirchenjahr her das Singen im Vordergrund steht, das laute Loben Gottes.

Im Alten Testament findet sich ein Test, in dem beschrieben wird, wie der Tempel in Jerusalem unter König Salomo eingeweiht worden ist.

Große Chöre sangen, Harfen und Trompeten wurden gespielt. Es heißt: *„Es war, als wäre es einer, der trompetete und sänge, als hörte man eine Stimme loben und danken dem HERRN."* (*2. Chronik 5, 12*)

Eine Einweihung ist eigentlich immer festlich. Sie selbst ist Grund für fröhliche Musik. Aber bei Salomo war es noch mehr: *„als wäre es einer, der trompetete und sänge."* Da hat sich niemand hervorgetan, keine erste Stimme, sondern ein harmonischer Klangkörper. Sie loben Gott – und das Besondere wird dann beschrieben: Gottes Gegenwart wird sichtbar durch eine Wolke. Sichtbar und gleichzeitig verborgen. So wie Gott eigentlich immer etwas von sich sehen lässt. Einerseits etwas sichtbar, aber nicht eindeutig und eben doch verborgen.

Können wir Gott in dieser Zeit loben? Oder ist das nicht übertrieben oder abgehoben, und achtet nicht auf die Besonderheiten dieser Zeit?

Es ist wohl Beides: wir haben Grund zum Singen, Grund, Gott zu loben, gerade weil diese Zeit so unsicher ist. Der Wunsch nach Normalität ist groß. Doch die Erfahrungen bis jetzt ernüchtern: die Geschäfte sind geöffnet, und doch kaufen weniger als vor der Krise. Urlaub soll wieder möglich sein, in unserem Land – und etliche Quartiere sind längst ausgebucht, weil sie nur die Hälfte der Plätze vergeben dürfen. Gottesdienste dürfen wieder gefeiert

werden, aber ohne gemeinsames Singen. Vieles ist anders. Ob es überhaupt wieder „normal" wird? Sicher nicht so wie vor der Krise. Es wird anders. So wie jetzt schon manches anders ist.
Es gibt viele Gründe, Gott zu loben, auch mit den Beschränkungen dieser Zeit. Leider geht das Singen immer noch nicht gemeinsam.

Andacht zum Mitnehmen für den 17. Mai 2020

Beten in der Speisekammer?

Beten – zu diesem Stichwort kann so gut wie jeder und jede von uns etwas beitragen. Gute Erfahrungen, aber auch Enttäuschungen.

Im Konfirmanden-Ferien-Seminar geht es neben anderen Thema um das Beten: nicht nur zuhören, sondern ebenso eigene Erfahrungen, Beten ausprobieren. Es geht nicht nur um Bitten, das verbinden die meisten Menschen mit dem Beten. Es geht auch um Klagen, die Konfirmanden formulieren. Und schließlich gehören zum Beten gehören auch Gott danken und loben.

Einerseits ist Beten eine breite Erfahrung, auch wenn religiöse Erfahrungen in unserer Gesellschaft aktuell nur eine geringere Rolle zu spielen scheinen. Andererseits können viele von ihren Erfahrungen erzählen, wenn sie gefragt werden.

So war das Beten in den letzten Wochen ausschließlich im persönlichen Bereich zuhause oder auf einem Spaziergang möglich.

In der Zeit Jesu war das Beten selbstverständlich. Fromme Juden beteten mehrmals am Tag. Und auch weniger fromme Juden beteten.

In seiner Bergpredigt hat Jesus an diese Erfahrungen angeknüpft und gemahnt:

„Wenn du beten willst, gehe in deine Vorratskammer und verschließe die Tür und bete zum Vater, der in das Verborgene sieht, und er wird es dir vergelten.

Wenn ihr betet, sollt ihr nicht quasseln wie die Heiden. Denn sie meinen, sie werden erhört, wenn sie viele Worte machen.

Macht es nicht wie sie: denn euer Vater weiß, was ihr nötig habt, bevor ihr ihn bittet.“ (Matthäus 6, 6-8)

Wem würde es heute einfallen, zum Beten in die Speisekammer zu gehen? Das würde niemand tun, ganz klar. Außerdem haben heute nicht alle eine Speisekammer.

Die Speisekammer war in der Zeit Jesu der einzige Raum im Haus, der sich abschließen ließ. Abschließen war wichtig, damit sich keine Haustiere über die Vorräte hermachten.

In jedem Haus gab es einen solchen Raum, weil das Brot in der Regel selber gebacken wurde, und das mehrmals in der Woche. Dazu musste erst einmal das Getreide gemahlen werden.

In der Speisekammer beten, das deckt noch einen anderen Zusammenhang auf: dort, wo wir unsere Vorräte zum Leben aufbewahren, geht es auch um das innere Leben, um die Beziehung Gottes zu uns. Wir leben von den Lebensmitteln und von der Güte Gottes. Das macht die Speisekammer deutlich. Von Ihnen wird wohl kaum jemand in der Speisekammer beten.

Wir haben heute andere Möglichkeiten, uns zurück zu ziehen. Es gibt Menschen, die sich auf die Toilette zurückziehen, um zu beten. Oder spazieren gehen oder sich irgendwo hinsetzen, draußen, und in sich selbst beten.

Beim Beten scheint es gemeinhin um Reden zu gehen. Ich spreche Gott gegenüber meine Bitten aus. Ich sage ihm, wie es mir geht, in welchen Schwierigkeiten ich stecke, wo meine Möglichkeiten erschöpft sind. Und bitte Gott, dass er meine Möglichkeiten erweitern möge.

Dieses Beten kann trösten. Wie manche sagen: *„Da hilft nur noch Beten.“* In diesem Sinn: Da kann nur noch Gott helfen.

Die eigene Lage ist der Anlass zum Beten. Allerdings liegt der Grund, warum wir beten, woanders: der liegt darin, dass Gott auf unserer Seite steht. Wer betet, öffnet sich für Gott und für seine Zuwendung. Es geht gar nicht darum, Gott in möglichst allen Einzelheiten die eigene Notlage vorzustellen. Jesus hat ja daran erinnert: *„Denn euer Vater weiß, was ihr nötig habt, bevor ihr ihn bittet.“*

Es geht also gar nicht um meine Worte. Es geht darum, dass wir Gott Gott sein lassen. So wird Gott die Mitte unseres Lebens. Er sieht unsere Lage und will das Gute für uns.

Beten ist sozusagen jedes Mal ein wieder einfädeln in die Spur Gottes.
Finden Sie Ihren Ort zum Beten!

Barmherziger Gott,
du wartest auf unser Gebet.
Manchmal wissen wir nicht, was wir beten sollen.
Wir sind sehr mit anderen Dingen beschäftigt, mit der Arbeit, mit anderen Menschen, mit uns selbst.
Mache uns sehnsüchtig nach dem Gebet zu dir.
Dass wir gar nicht anders können, als immer wieder Zeit mit dir zu suchen, dir alles zu sagen, was uns bewegt – und schweigend zu lauschen.
Amen.

Andacht zum Mitnehmen 24. Mai 2020

Erneuerung

Das immer schon Gewohnte beginnt irgendwann nur noch zu nerven. Was immer so ist, wie es schon lange gewesen ist, wird langweilig, uninteressant. Da schaut keiner mehr genau hin. Sehnsucht nach etwas Neuem wächst.

In der Kirche wird das Neue sowieso nicht erwartet. Eher das Gegenteil: das althergebrachte, das überkommene, eben langweilig. Wie in einem alt gewordenen Museum.

Gott aber will Erneuerung. Viel mehr als den meisten Menschen lieb ist. Damals, vor langer Zeit, hat er Neues ankündigen lassen. Gegenüber seinem Volk, dem Volk Israel.

„Siehe, es kommt die Zeit, spricht der HERR, da will ich mit dem Hause Israel und mit dem Hause Juda einen neuen Bund schließen." (

„Siehe"! Aufgepasst, hör gut zu!

Es soll etwas Neues werden, völlig anders als alles Bisherige. Der neue Bund ist keine Renovierung, keine Sanierung, sondern völlig neu, eine Neuschöpfung.

Und das betrifft seinen Bund mit dem Volk Israel. Der neue Bund ist grundlegend anders als der bisherige.

Gott stellt die Beziehung zu seinem Volk auf eine völlig neue Grundlage. Er will seine Weisungen direkt den Menschen geben, nicht mehr nur durch die Priester.

Die Grundlage soll seine Vergebung sein, nicht mehr die Forderung der Gebote.

Gott hat sich zu seinem Volk gestellt, doch das Volk wollte autonom sein, eigene Könige haben, eigene Götter. Es war immer wieder dabei, eher Gott zu verlassen als sich auf seinen Gott zu verlassen.

Warum? Hat Gott sich seinem Volk nicht genug zugewendet?

Sünde, die Macht, die uns dazu bewegt, uns gegen Gott zu stellen, bleibt das Rätsel der Geschichte. Das Böse, das daraus erwächst, ist ebenso unverständlich.

Wir sind der Sünde und ihren Folgen hoffnungslos ausgeliefert, wir wissen nicht einmal, warum. Alle Befreiungsversuche scheitern.

Die Bilanz, die Gott zieht, ist eindeutig: *„Ein Bund, den sie nicht gehalten haben."*

Darum verspricht Gott Vergebung der Sünde und deren Folgen.

Als Christinnen und Christen können wir diese Worte vom neuen Bund Gottes nur von Jesus her hören. In ihm hat der neue Bund begonnen. Daran erinnert das Abendmahl als Zeichen der Gemeinschaft mit Gott.

Manche Menschen halten Vergebung für zu einfach. Da könnte man doch immer wieder mit einer schweren Schuld zu Gott kommen und ihn um Vergebung bitten. Nach dem Motto: wenn ich heute schuldig werde, kann ich mir morgen vergeben lassen und wieder schuldig werden.

Vergebung ist nicht billig. Nicht nur, dass Jesus unsere Schuld am Kreuz getragen hat. Gott um Vergebung bitten, bedeutet die eigene Schuld einzugestehen, das Dunkle, den Schatten im eigenen Leben anzunehmen. Das ist höchst unangenehm.

Außerdem können wir gar nicht leben, ohne immer wieder schuldig zu werden. Es kann Situationen geben, in denen wir allenfalls zwischen geringerer oder größerer Schuld wählen können. Meistens erkennen wir aber hinterher, welche Schuld größer war.

Wir können das Böse nicht wirksam bekämpfen, die Menschheitsgeschichte beweist das leider.

Darum brauchen wir Gottes Vergebung, wir brauchen den neuen Bund, der mit Jesus Gestalt angenommen hat und damit allen Menschen gilt. Gott möchte uns mit seiner Liebe leiten und verändern. Neues in uns entstehen lassen, Neues, das ihm gefällt und anderen Hoffnung und Mut gibt.

Andacht zum Mitnehmen Pfingsten 2020

Die Bitte um den Geist Gottes

Eine Frage bei einer Kirchenführung: „Was hängt da denn für ein Vogel, und das in einer Kirche?" - Erklärung des Kirchenführers: „Der hängt über der Kanzel, von dort werden die Predigten gehalten." - „Dann haben die Pastoren alle einen Vogel?"

Gemeint ist die Taube als Zeichen für den Heiligen Geist, beschrieben in der Taufe Jesu. Das, was die predigende Person sagt, soll der Heilige Geist in die Herzen der Menschen übersetzen.

Das war schon ein sehr spezielles Wunder, die Ausgießung des Heiligen Geistes und das Reden in fremden Sprachen, sozusagen massenhafte Simultanübersetzung. (Apostelgeschichte 2, 1-11).

Ein fremdes Geschehen, lange, lange vorbei.

Das Wort „Pfingsten" geht zurück auf das griechische Zahlwort für 50: „pentecoste". Pfingsten bedeutet „fünfzig Tage" nach Ostern. Der eigentliche Ursprung liegt im „Schawuot", dem jüdischen Fest 50 Tage nach dem Pessach. Gefeiert wird die Gabe der Tora durch Gott an das Volk Israel. Gleichzeitig ist es ein Erntedankfest, das Fest der ersten Garbe.

Pfingsten hat in unserem Land nur eine geringe Bedeutung. Mit dem Heiligen Geist kann kaum jemand etwas anfangen, dafür mehr mit den beiden Pfingstfeiertagen: Zeit für einen Kurzurlaub, in diesem Jahr vielleicht noch wichtiger als in früheren Jahren.

Dabei reden wir in der Kirche immer von der Dreieinigkeit Gottes: Gott, der wie ein Vater ist; der uns in seinem Sohn Jesus entgegen kommt und im Heiligen Geist in uns wirkt.

Ich kann es auch so beschreiben: Pfingsten ist der Geburtstag der christlichen Kirchen.

Die sich zu Jesus gehalten haben, seine Jünger und etliche andere, wohl über einhundert Personen, haben sich getroffen, für das jüdische Fest. Und dann geschieht etwas, was sich nur schwer beschreiben lässt: Brausen, laut oder leise, und das Feuer - sind Symbole für Gott.

Das Besondere kommt dann: die Fähigkeit, in anderen Sprachen zu reden. Oder anders ausgesprochen: vollkommen verstanden zu werden.

Und darüber staunen die Leute aus der Stadt. Lukas betont das Staunen mit der Auflistung der Herkunftsgebiete. Manche deuteten das Wunder als das Ende einer Party: die sind doch betrunken!

Aber kann, wer betrunken ist, noch kontrolliert sprechen, erst recht in fremden Sprachen? Wohl kaum.

Hier soll deutlich werden: der Geist Gottes wirkt in allen Menschen, die sich für ihn öffnen, die ihn aufnehmen.

Viele sehen die christlichen Kirchen in Deutschland und Westeuropa auf einem absteigenden Ast: die Zahl der Mitglieder geht immer weiter zurück, jüngere Menschen verlassen die Kirchen. Klarheit und Eindeutigkeit in vielen Predigten fehlen. Es fehlt der Schwung, der alles wieder in Gang bringen könnte.

Da gibt es manche, die meinen, Gründe zu kennen. Die Kirchen hielten sich nicht genug an der Bibel, seien nicht klar in ethischen Entscheidungen. Und vieles andere noch.

Aber ist der entscheidende Faktor nicht der Geist Gottes? Wir können tolle Aktionen vorbereiten, vor allem, wenn das Corona-Virus keine Gefahr mehr darstellt. Aber ist jemals von einer Fülle von Aktionen eine tiefgreifende Wirkung ausgegangen?

Es ist eher so: der heilige Geist schließt Menschen für Gottes Wirklichkeit auf. Nur durch den Geist kann Gott uns ansprechen, dass wir unser Leben verändern. Ohne den Geist Gottes können wir Gott nicht verstehen, nicht wahrnehmen. Denn wir sprechen seine Sprache nicht.

Bitten wir Gott darum, dass er uns seine Botschaft für uns aufschließt, sie in unser Leben übersetzt, unsere Sprache spricht. Bitten wir ihn für andere und für uns selbst: Gott möchte in Ihr, in mein Leben hinein und es verändern!

Andacht zum Mitnehmen Nr. 13

Gott segnet gern

„An Gottes Segen ist alles gelegen." Ein Sprichwort unserer Vorfahren. Kommt es auf den Segen Gottes an?

Ja, offensichtlich. In den letzten Jahren habe ich erlebt, wie beliebt der Segen ist. Viele haben den Wunsch, persönlich gesegnet zu werden.

Sei es im Reisesegen-Gottesdienst zu Beginn der Sommerferien, den es in diesem Jahr nicht geben wird. Oder der persönliche Segen zum Ende des Schuljahrs, zum Wechsel in eine andere Schule zur fünften Klasse. Oder zur Einschulung. Dazu kommen die klassischen Segenshandlungen bei Taufe, Konfirmation, Trauung.

Wie wichtig Segen sein kann, habe ich vor mehr als zehn Jahren in Südafrika gelernt. In den Gemeinden der lutherischen Kirche, zu denen vor allem dunkelfarbige Menschen gehören, sind Einzelsegnungen im Gottesdienst üblich. In einem Gottesdienst kamen deutlich mehr Personen zur persönlichen Segnung als zum Abendmahl.

Segen soll uns begleiten, Gott will sozusagen den Weg mitgehen. Darum gehört der allgemeine Segen an das Ende eines Gottesdienstes oder einer Andacht. Da gibt es den großen Segen im Alten Testament, bei uns meistens am Ende des Gottesdienstes. Dieser Segen verbindet uns Christen mit dem jüdischen Volk:

„Der Herr segne dich und behüte dich;

der Herr lasse sein Angesicht leuchten über dir und sei dir gnädig;

der Herr hebe sein Angesicht über dich und gebe dir Frieden."

(4. Mose 6, 24-26)

Bis heute steht dieser Segen steht am Ende des jüdischen Morgengebetes. Jeden Tag. Ein Rabbi sagte dazu: „Die Worte des Segens verbrauchen sich nie, es sind Worte für die Ewigkeit."

Vor etlichen Jahren wurden in Israel zwei Röllchen aus Silberblech ausgegraben. Darauf waren die Worte des Segens eingeritzt. Die Röllchen stammen aus dem 7. Jh. v. Chr. Sie gehören damit zu den ältesten erhaltenen biblischen Texten.

Auf den ersten Blick scheint der Segen Gottes nicht nötig zu sein. So wie in der Corona-Krise Gottesdienste abgesagt und ins Internet verlagert werden mussten, und sogar die Kirchen geschlossen mussten: ist Kirche Nebensache? Verbannen wir Gott in das private Leben?

Andererseits: die Corona-Krise hat unseren Alltag durchgeschüttelt, vor allem die Lebensphilosophie erschüttert, wir hätten unser Leben jederzeit selbst in der Hand.

Ist Corona eine Strafe Gottes? Nein, die Erfahrungen mit dem Corona-Virus sind mehr als Weckruf zu verstehen, als Ruf zur Umkehr zu Gott. Denn er ist die Mitte des Lebens, er möchte es auch in unseren Leben sein.

Das wird in diesen Worten vom Segen deutlich. Gott trägt in diesen Worten menschliche Züge. Niemand hat Gott je sehen können, und doch ist hier zweimal vom Angesicht Gottes die Rede.

Gott wendet sich uns zu, da spielt es keine Rolle, in welcher Verfassung wir sind und wie wir den Gottesdienst verlassen. Ob in froher Erwartung auf ein schönes Mittagessen und einen tollen Nachmittag, oder im Blick auf Arbeit, die am Sonntagnachmittag noch erledigt werden muss; oder im Blick auf Sorgen, die spätestens an der Haustür auf mich warten.

Gott wendet sich uns zu und sieht uns an. Dieser Blick tut gut. Sicher, Gott deckt auch das Dunkle auf, das, was wir vor mir verbergen möchten. Aber am Ende hat er nur das im Sinn, was für uns gut ist. Darauf dürfen wir vertrauen, auch wenn im Moment die Schmerzen tief gehen.

Auch wenn Segensworte von Menschen gesprochen werden, egal ob von Pastor oder Pastorin oder jemand anderen: es ist Gott, der segnet. So will Gott uns segnen. Als der, der wie ein Vater und eine Mutter zu uns ist, der uns in Jesus begegnet und im Heiligen Geist in uns wohnt und wirkt.

Andacht zum Mitnehmen Nr. 14

Ruhe und Kraft

Wer einmal eine längere Strecke gewandert ist, und sich nach einer Pause mit Essen und Trinken gesehnt hat, und dann ein bewirtschaftete Hütte oder eine andere Möglichkeit zum Essen und Trinken gefunden hat, hat das erlebt: erquickt werden, satt und frisch werden.

Vor langer Zeit soll es sich zugetragen haben: ein Gastwirt, der seine Bibel kannte, und zwar in Latein, ließ über die Tür seines Gasthauses den Vers 28 aus Matthäus 11 schreiben: „Kommt her zu mir alle, die ihr mühselig und beladen seid..., endend mit den lateinischen Worten „ego vos restaurabo." (Ich will euch erfrischen). So verstand sich der Gastwirt: müde gewordenen, Hungrigen zu Essen und zu Trinken geben. Wegen dieses letzten Wortes wurde das Gasthaus als Restaurant bezeichnet. Es hat nicht lange gedauert, bis sich dieser Begriff allgemein durchgesetzt hat.

Jesus lädt ein: „Kommt her zu mir alle, die ihr müde und abgearbeitet seid, ich will euch Ruhe und neue Kraft geben." (Matthäus 11,28)

Denkbar wäre es auch ganz anders. Nicht: „Kommt her!" sondern „Bleibt weg! Werdet erstmal gute Menschen, erweist euch als würdig, zu mir zu kommen!" oder Jesus könnte denken: sollen meine Zuhörer doch sehen, wie sie klarkommen! Wenn sie etwas von mir wollen, sollen sie sich doch mehr bemühen!

Aber es bleibt dabei: Jesus lädt ein. Insofern hat der Wirt gut gehandelt, dass er die Einladung Jesu über sein Lokal geschrieben hat.

Wen meinte Jesus mit seiner Einladung? Diejenigen, die sich zu Gott halten, aber nicht die vielen Zusatzgebote halten wollten?

Die Frommen der Zeit Jesu, die Pharisäer, betonten die 613 Ge- und Verbote im Alten Testament. Und sie lehrten: alle Gebote und Verbote sind wichtig, alle gelten! Dazu formulierten sie eine Vielzahl von ergänzenden Regeln.

Für Jesus waren aber die Menschen nicht für die Gebote, sondern die Gebote für die Menschen da. So hat er sich im Einzelfall über das Sabbatgebot

hinweggesetzt, obwohl er es als wichtig angesehen hat. Bei Matthäus heißt es an einer anderen Stelle im Blick auf die Pharisäer: *„Sie binden schwere, unerträgliche Bürden und legen sie den Menschen auf die Schultern.“*
(Mt 23,4).

Im religiösen Bereich haben wir damit wenig zu tun. Allerdings gibt es auch bei uns Ideologien, die zu Belastungen führen: die ein schlechtes Gewissen erzeugen, wenn wir Fleisch essen, oder wenn es doch mal was Süßes ist, obwohl wir uns gesund ernähren sollen... Beispiele gibt es genug.

Die Einladung Jesu geht auch an die, die Lasten des Lebens spüren, Lasten, die sich nicht abschütteln lassen. Schmerzliche Trauer, eine Reihe von Misserfolgen oder innere Verletzungen, tiefe Enttäuschungen, Niederlagen, Mobbing.

Jesus legt nicht noch was drauf. Keine neuen Gebote, keine neuen Essensratschläge. Jesus will tragen helfen, er will zum Leben helfen. Die Last verschwindet nicht. Jesus führt nicht ins Paradies, er führt uns so, dass es weitergeht. Er schenkt uns Pausen im Leben. Wir sollen zur Ruhe kommen können.

Wir haben gelernt, dass Jesus Zimmermann geworden ist. Hier tritt er uns als Gastwirt entgegen. Er lädt uns ein. Dabei ist er auch ein guter Lehrer, bei ihm eröffnen sich neue Perspektiven.

So kann Jesus Leben verändern und dem Leben eine neue Richtung geben. Er verändert uns dort, wo wir uns verändern lassen.

Andacht zum Mitnehmen Nr. 15

Ferien – gesegnete Zeit

Die Sommerferien haben begonnen. Für die einen endlich Ferien, Zeit für Entspannung und Urlaub, für andere schon jetzt eine Zeit der Langeweile.

Entspannung ist angesagt – und für manche Schülerinnen und Schüler ein Wechsel: von der Grundschule zu einer weiterführenden Schule. Oder neue Wege nach dem Ende der Schulzeit.

Abschied und ein neuer Weg sind wie die zwei Seiten einer Münze: Rückblick mit Schmerzen oder Erleichterung, meist mit einer Mischung vom Beidem – und vorsichtiger Blick nach vorn mit einer Mischung aus Neugier und Befürchtungen.

Wer denkt dabei nicht an Hermann Hesse: „Jedem Anfang wohnt ein Zauber inne, der uns beschützt und der uns hilft, zu leben."

In der Bibel werden neue Wege für verschiedenen Personen beschrieben.

Besonders gilt das von Abram, der im Alter, also nach vielen Jahren als Viehzüchter und Nomade von Gott aus seinem Familienverband herausgerufen wurde und in die Fremde ziehen sollte, weit weg von dem Bereich, den er kannte.

„Gott sprach zu Abram: Geh aus deinem Vaterland und von deiner Verwandtschaft und aus deines Vaters Hause in ein Land, das ich dir zeigen will. Und ich will dich zum großen Volk machen und will dich segnen und dir einen großen Namen machen, und du sollst ein Segen sein." (1. Mose 12,2)

Ein neuer Weg, ein neuer Lebensabschnitt für Abram oder Abraham, ein völlig anderes Leben. Als Fremder in einem fremden Land leben. Er soll Stammvater eines großen Volkes werden – und er soll ein Segen sein. Ein großartiges Versprechen für eine große Herausforderung.

Für uns heute sind neue Wege eher wenig auffällig. Dieses aber ist gleich: Jeder neue Weg beginnt mit dem ersten Schritt, und damit das Wagnis. Abram sollte ein Segen sein. Segen bedeutet, dass Gott mitgeht, auch wenn das nicht unbedingt zu spüren ist (oder auch gar nicht).

„Du sollst ein Segen Gottes sein." Das gilt für jeden neuen Weg, ob im Schulwechsel, beim Weg in den Beruf oder einfach in die Ferien.

Andacht zum Mitnehmen Nr. 16

Gastfreundschaft

Aufgrund der Vorschriften gegen die Ausbreitung des Corona-Virus war und ist manches nicht möglich, was wesentlich für christliche Gemeinde ist. Enge Gemeinschaft gehört zu den Kennzeichen christlicher Gemeinde. In dieser Zeit müssen wir alle auf Abstand achten, nicht nur in unserem Land. Das, was diesen Sonntag ausmacht, können wir bis heute nicht feiern: das Abendmahl. Dabei ist das Abendmahl das Zeichen christlicher Gemeinschaft. Möglich ist es nur so: die Oblate wird mit einer Zange gereicht (mit Einmalhandschuhen), der Traubensaft ist in Einzelkelchen oder (häufiger) in Plastikbechern.

Wie soll sich christliche Gemeinschaft sonst auswirken? Im Hebräerbrief 13-1-3 heißt es:

„Bleibt auch weiter in geschwisterlicher Liebe fest miteinander verbunden.

Vernachlässigt die Gastfreundschaft nicht, denn dadurch haben einige, ohne es zu wissen, Engel beherbergt.

Kümmert euch um Gefangene als wärt ihr Mitgefangene. Steht Misshandelten bei, denn es kann euch jederzeit genauso ergehen.“

Der Briefschreiber stellt die Gemeinschaft besonders heraus, weil in seiner Zeit viele die Gemeinde verließen. Anfeindungen von außen und Nachteile konnten sie nicht mehr aushalten. Auf diese Weise gingen manche Gemeinden allmählich zugrunde.

Eine Aufforderung ist uns heute eher fremd: Lebt Gastfreundschaft! So wird christliche Gemeinschaft sichtbar. Gastfreundschaft gegenüber unbekannten Menschen ist uns eher fremd. In anderen Kulturen gehört Gastfreundschaft zum Alltag. In der Regel öffnen wir die Tür nur für Menschen, die wir kennen. Und am Besten mit Voranmeldung. Alles andere bringt uns eher in Schwierigkeiten – und uns fehlt die Vorbereitung.

Was Gastfreundschaft bedeuten kann, habe ich vor einigen Jahren in Südafrika erlebt: Als Mitglied einer Besuchergruppe im Rahmen einer Partnerschaft war ich in verschiedenen Kirchengemeinden im Großraum

Johannesburg untergebracht.

Immer war unsere Gruppe für zwei oder drei Tage in einer Familie untergebracht. Meine zweite Gastgeberin war eine arme Witwe. Am ersten Abend war es meine Pflicht, nicht nur das Tischgebet zu sprechen, sondern vor allem viel zu essen, viel mehr als ich schaffen konnte. Am nächsten Tag wurde mir klar, dass meine Gastgeberin rund sechs Wochen lang Lebensmittel eingespart hatte, um mich zu beköstigen. Das machte mir die erlebte Gastfreundschaft nicht leichter.

Es gibt auch bei uns Gelegenheiten, Gastfreundschaft zu leben, für Fremde oder auch für Bekannte da zu sein. Wir müssen nur aufmerksam und bereit sein.

Aktuell ist Gastfreundschaft allerdings nur mit Einschränkungen möglich. Dafür nutzen wir alle Möglichkeiten der Kommunikation.

Christliche Gemeinschaft ist mehr: auch das Wahrnehmen von Christinnen und Christen, die um ihres Glaubens willen verfolgt werden oder zu Gefängnisstrafen verurteilt worden sind.

Wir können für sie beten, verschiedene Organisationen stellen Christen vor, die wegen ihres Glaubens im Gefängnis sind. Es lohnt sich, danach im Internet zu suchen und dann für diese Menschen zu beten.

Immerhin wird an einem bestimmten Sonntag im Jahr in den evangelischen Kirchen in unserem Land der verfolgten Christen gedacht.

Wir schauen nicht weg und lassen uns nicht nur von unseren Aufgaben und Problemen in Anspruch nehmen – sondern wir nehmen Menschen wahr, die auf unsere Gastfreundschaft warten und wir beten für Verfolgte.

Denn wir gehören alle zusammen in Jesus Christus. In ihm sind wir eins, eine Gemeinschaft in Christus.

Andacht zum Mitnehmen Nr. 18

Hoffnung schaut hinter den Horizont

Wie lange müssen wir noch mit Mindestabstand und mit Mund-Nase-Schutz leben? Diese Frage wird in den letzten Wochen immer lauter gestellt, nicht erst seit der Demonstration in Berlin gegen die Corona-Auflagen. Dazu die Befürchtung, dass wir in unserem Land die zweite Corona-Welle vor uns haben.

Die Frage: wie lange noch? geht noch weiter: wann wird es wieder so sein wie vor Corona? Oder so ähnlich?

Hoffnung ist gefragt, Hoffnung auf eine Zukunft mit weniger Belastungen und Unsicherheit.

Ist Hoffnung nicht mehr als dieser Spruch: „Immer wenn du meinst, es geht nicht mehr, kommt von irgendwo ein Lichtlein her."?

Nach dem Tsunami Weihnachten 2004 an der Küste Indonesiens und Thailands war Hoffnung nicht ein Lichtlein, sondern eine Kraft: „Die Hoffnung stirbt zuletzt". Manche haben auch nach langer Zeit der Suche keine Spuren von Angehörigen finden können. Spurlos ins Meer fortgerissen. Das war am Ende eine enttäuschte Hoffnung. Enttäuscht, das klingt negativ und ist. Aber wörtlich verstanden ist Ent-Täuschung die Befreiung von einer Täuschung. Und das kann am Ende auch positiv gesehen werden, obwohl der Weg enttäuscht zu werden, mit Schmerzen verbunden ist.

Christliche Hoffnung geht tiefer und trägt weiter. So wie jemand auf einer Insel im Pazifik Hoffnung beschrieben hat: „Hoffnung schaut hinter den Horizont". Hoffnung auf Gott ahnt Gott hinter den Nachrichten, hinter dem eigenen Erleben von Unsicherheit, Leid und Einsamkeit.

Manche tragen drei Symbole an der Halskette, vor allem Frauen: ein Kreuz, das von einem Herz und einem Anker eingerahmt wird. Die Symbole stehen für Glaube, Liebe, Hoffnung. Der Anker steht für die Hoffnung.

Ich verstehe das so: Hoffnung hebt nicht ab, sondern verankert uns in Gott. Christliche Hoffnung hofft auf Gottes Eingreifen, auf welche Art und Weise auch immer.

„Hoffnung lässt nicht zugrunde gehen" - das ist die Aussage des Paulus im Brief an die Christen in Rom. Und zwar weil die Hoffnung auf Gott zielt und nicht auf irgendetwas Unbestimmtes oder eine Idee.

Leben können wir nur mit Hoffnung – ohne Hoffnung ist das Leben hoffnungslos, ohne Perspektive. Mit Gott haben wir einen Blick, der über dieses Leben hinausgeht.

Meer Radio – für die Sendung am 23.8.2020

Lebensänderung

Ob nun Sommer ist, ob Urlaub oder einfach Sonntag – wir haben immer wieder Gelegenheit, über unser Leben nachzudenken.

Unsere Vorfahren hatten diese Möglichkeit kaum oder gar nicht. Sie lebten die Sechs-Tage-Woche - und der Sonntag war mit Pflichten gefüllt. Nur hin und wieder mal gab es eine Pause. Und an Urlaub war nicht zu denken.

Nachdenken kann von uns aus geschehen, es kann aber auch sein, dass einem unversehens eine Idee kommt oder ein Gedanke.

Oder so, wie es ein junger Mann in Israel vor weit mehr als 2.600 Jahren erlebt hat: Jeremia.

Jeremia war Sohn eines Priesters, wohnte in einem kleinen Dorf eine Stunde Weg vom Tempel in Jerusalem entfernt. Er war jung und unverheiratet und wohnte vermutlich bei seinen Eltern. Jung, das hieß damals etwa 18 bis Anfang 20. Schließlich wurde man ab 30 Jahren schon zu den Älteren gezählt.

Jeremia beschreibt, wie Gott sein Leben mit einem Mal grundsätzlich verändert hat. Schon in den ersten Versen beschreibt er, wie Gott ihn angesprochen hat:

„Das Wort des HERRN erging an mich, er sagte zu mir:

Noch bevor ich dich im Leib deiner Mutter entstehen ließ, hatte ich schon meinen Plan mit dir. Noch ehe du aus dem Mutterschoß kamst, hatte ich bereits die Hand auf dich gelegt. Denn zum Propheten für die Völker habe ich dich bestimmt." (Jeremia 1,4)

Diese Worte haben Jeremia unvermittelt getroffen. Wie, das beschreibt er nicht. Ob in einer Vision oder in einem Traum oder auf andere Weise.

Jeremia hatte noch keinen Anlass, über sein Leben nachzudenken, von der Midlife-Crisis noch weit entfernt. Auch nicht wie Menschen heute um die 40, die ihre Arbeitsstelle wechseln oder einen anderen Beruf erlernen.

Nein, viel radikaler: Gott hat es schon auf Jeremia abgesehen, als dieser noch nicht einmal auf der Welt war. Gott hat Jeremia sozusagen beschlagnahmt.

Jeremia hat gar keine andere Wahl. Er muss die Berufung durch Gott annehmen. Er soll Prophet Gottes werden, also Gottes Botschaft weitergeben. Sozusagen Gottes Sprachrohr, sein Pressesprecher.

Gott begegnet hier direkt und unvermittelt. Jeremia kann gar nicht anders, als auf Gott zu reagieren.

Jeremia ist die Aufgabe zu groß, Prophet für die Völker zu sein. Er, der noch so jung ist, dass niemand auf ihn hören wird. Er ist doch nur der kleine unbekannte Jeremia.

Und er kommt mit einem begründeten Einwand: *„Ich wehrte ab: Ach, Herr, du mein Gott! Ich kann doch nicht reden, ich bin noch zu jung!"*

Doch Gott schiebt diesen Einwand beiseite:

„Aber der HERR antwortete mir: Sag nicht: 'Ich bin zu jung!' Geh, wohin ich dich sende, und verkünde, was ich dir auftrage!" (der ganze Text: Jeremia 1, 4-10)

Die Botschaft, die er weitergeben soll, ist alles andere als angenehm: Gericht Gottes soll er ankündigen, unangenehme, harte Botschaft. Dabei ist noch nichts davon zu ahnen oder zu sehen. Als unglaubwürdig wird er abgestempelt.

Jeremia muss die Botschaft Gottes am eigenen Leib erleben, er bleibt ohne Frau und ohne Nachkommen.

Mehrmals wendet er sich an Gott. Er beklagt sein Schicksal, das Gott ihm zugefügt hat: *„Du bist mir zu stark geworden."* (Jeremia 20,7) Ja, Gott hat ihm keine Wahl gelassen. Jeremia musste seinen Weg gehen, seine letzten Jahre sind unbekannt. Gott das Leben von Jeremia total umgekrempelt.

Wenn Gott redet, dann verändert er die Angesprochenen.

Das geschieht auch heute, nicht so exklusiv wie bei Jeremia, nicht so gewaltsam, aber es geschieht.

Wer treu seine Bibel liest, jeden Tag einen Abschnitt, wird sich dann und wann von einem Gedanken angesprochen fühlen. Dann werden Worte der Bibel lebendig. Und verändern die eigene Hoffnung, vielleicht sogar das Leben. Das geschieht vielleicht nur selten im Jahr. Aber an den anderen Tage in der Bibel lesen ist trotzdem wichtig, es hält näher bei Gott und macht offen für sein Reden.

 Wenn Gott heute Menschen anspricht, dann müssen das keine großen Aufgaben sein. Vielleicht so: nutze deine Zeit und mache mit im Besuchsdienst! Oder: setz dich hin und bete regelmäßig für die Gemeinde. Oder übernimm die Aufgabe, die gerade dran ist.

Wenn Gott spricht, dann sei aufmerksam und öffne dich für das, was er sagt. Es wird dein Leben verändern.

Andacht zum Mitnehmen Nr. 19

Lichtgestalt

Selbstdarstellung scheint in den letzten Jahren ein eigener Wert geworden zu sein. Das geschieht vor allem im Internet: wie werde ich wahrgenommen und beurteilt? Mit der Lust an der eigenen Darstellung ist die Angst vor Beschämung verbunden.

Wie sehe ich mich selber? Wie will ich mich sehen? Wie sehen andere mich? Fragen, wie sie in einer Bewerbung nicht unwichtig sind. Ist die Selbstdarstellung auch im Alltag wichtig?

Selbstdarstellung gehört offensichtlich zu uns Menschen dazu. Jesus hat ein Gleichnis erzählt, in dem zwei Männer vorkommen, die sehr unterschiedlich wirken: ein vorbildlich frommer Mann und ein Zöllner, der sich kaum in den Tempel wagt, um zu beten (Lukas 18, 9-14).

Wer den Schlusssatz des Gleichnisses kennt, wird kaum Sympathie für den Pharisäer empfinden. Dabei lebt er vorbildlich. Er hat sein Leben völlig an Gott ausgerichtet. Er tut mehr, als die Gebote verlangen. Er fastet zweimal in der Woche, er gibt den zehnten Teil des Wertes von allem, was er verdient, und auch noch von allem, was er einkauft. Es könnte ja sein, dass jemand den zehnten Teil nicht für Gott gegeben hat. Der Pharisäer ist ein Vorbild, perfekt in der Selbstdarstellung.

Der Zöllner, also der Zolleinnehmer war auch Jude, er gehörte auch zum auserwählten Volk. Allerdings arbeitete er mit Heiden zusammen, dazu noch mit der römischen Besatzungsmacht. Er hatte eine Zollstation gepachtet. Er zog für die Römer Steuern auf Waren ein. Einen Teil von diesen Steuern durfte er für sich behalten, den weitaus größeren Teil musste er den Römern abtreten. Zolleinnehmer waren nicht besonders beliebt. Sie wurden zu den offensichtlichen Sündern gezählt, auf einer Stufe mit Prostituierten.

Wie könnte ein Zolleinnehmer seine Selbstdarstellung verbessern? Das ist gar nicht möglich. Wir kennen das: *„Ist der Ruf erst ruiniert, lebt es sich ganz ungeniert.“*

Der Pharisäer war dem Zolleinnehmer weit überlegen. Das müssen wir festhalten. Allerdings schaut er in einer vorbildlichen Frömmigkeit auf andere herab. Er betet: „Gott, ich danke dir, dass ich nicht so bin wie die anderen Menschen, alle diese Räuber, Betrüger und Ehebrecher, oder auch wie dieser Zolleinnehmer hier! Ich faste zwei Tage in der Woche und gebe dir den vorgeschriebenen Zehnten sogar noch von dem, was ich bei anderen einkaufe!"

Der Zolleinnehmer geht in den Tempel. Aber er wagt nicht, nach vorn oder nach oben zu schauen, er blickt nach unten. Er schämt sich. Und schlägt sich vor die Brust. Er stellt nichts dar, er kann mit keiner Frömmigkeit glänzen, er kann nicht anders als Gott um Barmherzigkeit bitten. Mehr nicht.

Und Jesus schließt das Gleichnis so: *„Ich sage euch, der Zolleinnehmer ging aus dem Tempel in sein Haus hinunter als einer, den Gott für gerecht erklärt hatte - ganz im Unterschied zu dem Pharisäer." (Lukas 8, 9-14)*

Offensichtlich geht es um die richtige Haltung, nicht um die richtige Fassade, um die Selbstdarstellung. Wie stelle ich mich selbst dar? Vor Menschen, hier vor allem vor Gott?

Schaue ich auf meine Frömmigkeit oder auf Gottes Erbarmen? Bin ich mir bewusst, dass ich mein ganzes Leben lang auf Gottes Erbarmen angewiesen bin, ob ich nun fromm bin oder nicht?

Das scheint mir der Kern zu sein. Gottes Erbarmen gegen unsere Selbstdarstellung, ja sogar Selbstinszenierung.

Diese Einsicht entspannt: Ich muss keine tolle Fassade vor Gott aufbauen. Gott kann sehen, wer und was ich wirklich bin. Er kann sehen, was in mir steckt. Vor ihm muss ich kein Theater spielen. Erst recht muss ich nicht auf andere herabschauen, dafür habe ich gar keinen Grund. Denn ich bin genauso wie jeder andere Mensch auf Gottes Erbarmen angewiesen.

Ich soll und kann leben, nicht nur mit Erfolgen, nicht nur mit Frömmigkeit, nicht nur mit Leistungen, sondern auch mit Schatten und Fehlern, sogar mit Versagen und Schuld.

Denn Gott nimmt uns so an, wie wir sind. Wer sich näher mit Gottes Barmherzigkeit beschäftigt, sieht, dass sein Erbarmen nach unseren Maßstäben nicht gerecht ist.

Denn Gott verschenkt sein Erbarmen. Da spielen unsere Anstrengungen keine Rolle. Er nimmt alle an, die zu ihm umkehren, die ihn um Erbarmen bitten. Das Alter spielt da keine Rolle, auch das bisherige Leben nicht. Gottes Erbarmen entscheidet – und unsere Bitte darum.

Andacht zum Mitnehmen Nr. 20

Mit sehenden Augen blind sein

Was oder wen sehen wir, wenn wir sehen? Hier geht es nicht nur um das Sehen mit unseren Augen, sondern auch (und sogar noch mehr) um das Sehen mit unseren inneren Augen.

Im Jahr 1912 wurde Woodrow Wilson zum Präsidenten der Vereinigten Staaten gewählt. Nach der Wahl besuchte er eine Tante, die er länger nicht gesehen hatte. Sie fragte ihn, was er im Moment mache. „Ich bin gerade Präsident geworden!" „Ach ja", fragte sie weiter: „Präsident, wovon denn?" „Von den Vereinigten Staaten!" Die Tante wurde ungeduldig: „So ein Blödsinn." Sie konnte ihm nicht glauben, weil sie überzeugt war, ihn gut zu kennen.

Diese Anekdote ist zum Schmunzeln – und sie zeigt eine Wahrheit: wir können mit sehenden Augen blind sein, wir sehen nur das, was wir sehen wollen oder was wir erwarten.

Im Johannesevangelium wird die Heilung eines Blindgeborenen erzählt. Die Jünger beginnen mit Jesus eine Diskussion über die Warum-Frage: Warum ist der Mann blind? Hat er Schuld auf sich geladen – wohl kaum? Haben seine Eltern oder Großeltern Schuld auf sich geladen?

Der Mann ist blind geboren – und damit vorverurteilt: es wird schon einen Grund haben, dass dieser blind zur Welt gekommen ist.

Jesus: „Weder dieser hat gesündigt noch seine Eltern, sondern er ist blind, damit an ihm die Taten Gottes sichtbar werden." (Johannes 9, 1-7)

Jesus schneidet die Diskussion um das Warum ab, indem er die Fragerichtung ändert: Er fragt Wozu? Er blickt nicht in die Vergangenheit, sondern in die Zukunft.

Damals wie heute meinten und meinen manche, dass Gott Menschen bestraft, wenn es ihnen schlecht geht. Wenn es Menschen schlecht geht, sind sie wie auch immer schuld. Und wenn es ihnen gut geht, dann gehören sie auf die gute Seite des Lebens.

Der Blinde war so nicht nur körperlich blind, er war durch diese allgemeine Schuldzuweisung vorverurteilt, er war zwar nicht selbst schuld, aber irgendwie doch. Heilung war aus diesem Grund nicht möglich.

Jesus sieht diesen einen Blindgeborenen.

Er sieht die Menschen, die in der Krise ihre Arbeit verloren haben und sich fragen, wie es weitergehen soll.

Er sieht die Menschen, die leiden. Egal ob bei uns oder in Südafrika oder Brasilien oder Indien oder anderswo. Er teilt ihr Leiden an dieser manchmal so schwer verständlichen Welt.

Jesus sieht die Blindheit nicht als Mangel, sondern als eine Möglichkeit für Gott. Die Blindheit soll zeigen: Gott wirkt, er ist im Hintergrund, hinter allem Sichtbaren am Werk.

Die Blindheit ist ja nicht das Letzte, das Leid nicht, die unheilbare Krankheit nicht, selbst der Tod ist nicht das Letzte. Am Ende bleibt immer noch Gottes Wirken, ob Heilung oder keine Heilung. Entscheidend ist der heilsame Blick auf Gott. Jesus will dafür die Augen öffnen, nicht nur dem Blinden, sondern auch seinen Jüngern und allen, die zuschauen, allen, die diese Geschichte lesen oder hören.

Darum spuckt Jesus auf die Erde, macht einen Brei daraus streicht ihn dem Blinden auf die Augen. Er schickt den Blinden an einen Teich, damit er sich reinigen kann.

Der Blinde vertraut Jesus, er geht hin und reinigt sich. Sehend kommt er wieder, alle können es sehen.

Der Blinde sieht nun mit einem Mal seine Freunde und Nachbarn, er sieht Bäume und Büsche und braune Erde.

Aber er sieht noch mehr: Jesus, der ihn geheilt hat. Der ihm die Augen geöffnet hat, auch die inneren Augen. Für Jesus, den Heiland, den Sohn Gottes, den Schöpfer.

Nach der Heilung kamen Pharisäer, sie befragten den Geheilten ausführlich. Und sie kamen zum Schluss, dass Jesus das Sabbatgebot gebrochen hat.

Jesus war in ihren Augen ein gewöhnlicher Schänder des Sabbatgebotes, nichts weiter. Sie konnten in ihm nicht den sehen, der sehend machen kann.
Jesus zeigt seinen Jüngern einen anderen Blick: schaut nicht auf euren Mangel, sondern auf Gottes Möglichkeiten. Das löst den Blick auf den Mangel. Wer auf Gottes Möglichkeiten schaut, wird auch beten, vielleicht sogar mehr und intensiver und konkreter, aber gleichzeitig gelassener.
So wird verständlicher, was Dietrich Bonhoeffer geschrieben hat: *„Gott erfüllt nicht alle unsere Wünsche, aber er steht zu allen seinen Verheißungen.“*
Erfülltes Leben ist nicht ein Leben ohne Mangel, sondern ein Leben mit Gott und seinen Möglichkeiten. Jesus verändert Leben, macht sehend.

Andacht zum Mitnehmen Nr. 18

Niemand soll übersehen werden

Veränderungen sind nicht selten mit Schmerzen verbunden. Das gilt besonders für Veränderungen, die durch Kritik in Gang gekommen sind.

Bis es zu Veränderungen kommt, gibt es nicht selten ein Murren und Reden hinter dem Rücken. Oder es gibt deutliche Kritik in den sozialen Netzwerken. Es dauert seine Zeit, bis solche Kritik den Weg zu denen findet, die etwas ändern können.

Solche Veränderungen haben auch die ersten Christen erlebt. Dabei müssen anfangs beinahe ideale Zustände geherrscht haben. In der Apostelgeschichte wird berichtet, wie sie miteinander geteilt haben, nicht nur Essen, sondern auch Einkommen und Vermögen. Manche haben eigenen Besitz verkauft, um anderen helfen zu können, die viel weniger hatten.

Doch mit der Zeit fühlten sich doch manche benachteiligt. Einzelne wurden offensichtlich übersehen. Das führte zu Unzufriedenheit. Leute fingen an zu murren, hinter dem Rücken der Leiter der Gemeinde in Jerusalem. Dieses Murren blieb nicht lange verborgen, in dieser scheinbar perfekten Gemeinde. Unzufriedenheit gibt es auch heute, auch im Blick auf das Verhalten von Christinnen und Christen.

Jemand sagt enttäuscht: „Ich denke, ihr seid Christen. Dann hätte das alles doch ganz anders sein müssen.“

Schön, wenn die Verhältnisse anders wären, aber leider sind Christen nicht perfekt. Sie sind auch nicht auf dem Weg zu Perfektion und Vollkommenheit. Christinnen und Christen haben Fehler und Schwächen. Und: Alle sind auf Gottes Erbarmen angewiesen, davon ist niemand ausgenommen.

Wie leicht geschieht es auch heute, einzelne zu übersehen. Auf der Straße, aber auch in der persönlichen Begegnung. Manchmal hat jemand das Gespräch gesucht, aber fand keine Gelegenheit, auf sich aufmerksam zu machen, gehört zu werden.

Einzelne nehmen das Übersehenwerden hin und denken: die anderen haben viel zu tun, sie können sich nicht auch noch um mich kümmern, ich muss sehen, wo ich bleibe. Sich zurückziehen ist aber keine Hilfe. Nur dann, wenn das Murren oder die Kritik lauter werden, kann sich etwas ändern.

In Jerusalem erkannten die Leiter der Gemeinde, die Apostel, dass sie etwas ändern mussten. Sie selbst konnten sich nicht auch noch um die Benachteiligten kümmern. Sie selbst waren für die Predigten zuständig, nicht für die Verteilung von Nahrungsmitteln.

„Es ist nicht richtig, dass wir die Verkündigung der Botschaft Gottes vernachlässigen und uns der Verteilung der Lebensmittel widmen.

Darum, liebe Brüder, seht euch in eurer Mitte nach sieben Männern um, die einen guten Ruf haben und vom Geist Gottes und von Weisheit erfüllt sind. Ihnen wollen wir diese Aufgabe übertragen." (Apostelgeschichte 6, 1-7)

So suchten sie Personen, damals waren es Männer, für die Aufgabe, Nahrungsmittel zu verteilen. Nun gab es neben den Verantwortlichen für Predigten auch welche für die Versorgung. Heute würden wir sagen: es entstand eine passende Organisation der Gemeinde.

Christliche Gemeinde hat heute unterschiedliche, aber feste Organisationsstrukturen. An erster Stelle ist der (Kirchen-)Vorstand zu nennen, die ehrenamtliche Gemeindeleitung. Im Vordergrund stehen Pastoren und Pastorinnen. Zu ihren Aufgaben gehören Predigten, Unterricht, Seelsorge und Amtshandlungen. Um die Kirchen und Gemeindehäuser kümmern sich Küsterinnen und Küster. Andere sind für die Diakonie zuständig, für die Kirchenmusik und die Arbeit im Büro. Und für viele andere Aufgaben setzen sich Ehrenamtliche ein. So hat sich in den Gemeinden unserer evangelischen Landeskirche eine feste Struktur gebildet. Für neue Aufgaben finden sich zuerst vor allem ehrenamtlich Mitarbeitende. Trotzdem nehmen die Aufgaben zu. Damals wie heute ist klar: Mehrarbeit kann nicht noch zusätzlich geschehen. Arbeit muss anders aufgeteilt werden.

In Jerusalem ging es mit diesen Veränderungen voran. Das Murren hat nicht zu Spaltung, sondern durch die Veränderungen zu Wachstum geführt. Die

Kritik wurde ernst genommen und hat zu positiven Veränderungen geführt.

So sind Veränderungen sind immer wieder nötig, auch in christlichen Gemeinden, um Aufgaben zu überprüfen, damit möglichst niemand übersehen wird.

So kann Wachstum möglich werden, Wachstum im Glauben oder auch an Zahl.

Andacht zum Mitnehmen Nr. 22

Ausgegrenzt und doch dabei

Welche Rolle spielt Gott im Denken und Reden in unserem Land? Es geht ja auch gut, das Leben ohne Gott.

Könnte es nicht sein, dass viele Menschen die Frage nach Gott nur verdrängen oder vergessen, weil es ihnen so ganz gut geht? Muss Gott in schwierigen Zeiten dann nicht doch wieder herhalten?

Damals war das anders. Jesus war auf dem Weg nach Jericho hinein.

Jericho ist eine der ältesten Stadt der Welt mit über 7000 Jahren ununterbrochener Besiedlung. Sie ist eine große Oase zwischen Jerusalem und dem Toten Meer, am Rand der Jordanebene. Die Einwohner lebten vom Handel.

Die Nachricht, dass Jesus kommt, bringt die Einwohner der Stadt Jericho auf die Beine.

Sie wollen hören, was Jesus zu sagen hat. Schließlich gibt es kein Fernsehen, kein Internet. Die Menschen wollen hören, wie Jesus die Heilige Schrift auslegt.

Es ist anzunehmen, dass manche von Jesus auch erwarteten, dass er den Widerstand gegen die römische Besatzungsmacht stärken sollte.

Immerhin bestand hierüber Einigkeit: Die Frage nach Gott ist die wichtigste Frage. Die Frage: Wie lebe ich so, dass mich Gottes Gericht nicht treffen wird? Oder anders gestellt: wie kann mein Leben ein erfülltes Leben werden, wie kann es gelingen?

In Jericho bewegte diese Frage sogar einen der reichsten Männer, Zachäus. Er konnte bisher gut leben, ohne zu sehr auf die Gebote zu achten. Sonst hätte er kein Zolleinnehmer werden können. Denn Zöllner sein, bedeutete, mit der Besatzungsmacht zusammen zu arbeiten. Die Römer waren Heiden. Eine solche Zusammenarbeit verstieß gegen die göttlichen Gebote. So waren Zöllner Ausgestoßene, sie wurden mit Sünder und Prostituierten in einem Atemzug genannt.

Als Oberster der Zolleinnehmer war Zachäus reich geworden. Die Kaufleute mussten zahlen, was er verlangte. Sie waren von ihm abhängig. Das hatte auch eine Schattenseite: er war wohl der am meisten verachtete Mann in der Stadt.

Und er war sehr klein. Dahinter steckt wohl auch, dass er im Leben immer etwas zu kurz gekommen war. Erst seine Macht und sein Reichtum verschafften ihm Einfluss.

Für manche zählen auch heute vor allem äußere Werte: Vermögen, Besitz. Gott spielt dabei keine Rolle. Und doch ist das Leben leer, irgendwie sinnlos.

Zurück zur Geschichte: Zachäus hört von Jesus, er will ihn sehen. Dazu muss er auf einen Baum klettern.

Jesus achtet nicht auf die vielen Menschen, die nach ihm rufen. Er sieht den Zachäus, wie der sich lächerlich macht, weil er Jesus sehen will..

Jesus will Zachäus besuchen. Nicht den Bürgermeister oder den ranghöchsten Priester, sondern den Betrüger in seiner gut gesicherten Villa am Stadtrand.

„Zachäus, komm schnell herunter, ich muss heute dein Gast sein!"

Jesus geht zu Zachäus. Nun regen sich die Frommen auf: „Bei einem ausgemachten Sünder ist er eingekehrt!" Doch Jesus ist bei Zachäus zu Gast.

Das gibt mir Mut, wenn ich höre, wie Jesus sich hier um einen einzigen Menschen kümmert - obwohl doch hunderte ihn hören wollen. Jesus kümmert sich um den, der ihn sucht.

Warum sollte Gott gerade Dein Gebet hören? Wenn Jesus sich um den Zachäus gekümmert hat, warum sollte er dann Dein Gebet nicht hören? Auch wenn Du vielleicht schon lange nicht mehr gebetet hast?

Jesus möchte auch bei uns zu Gast sein. Jesus sucht noch heute Menschen, zu denen er kommen kann. Er sucht den oder die, die für ihn offen sind.

Die Begegnung mit Jesus verändert Zachäus. Nicht weil er von dessen Weisheit überzeugt wäre. Er hat erfahren, dass ihm Gottes Liebe gilt, trotz seines Berufes, trotz seiner Betrügerei. Darum will er nicht mehr der alte bleiben. Er will nicht mehr betrügen. Noch mehr: Sein zu Unrecht erworbenes Gut will er Armen schenken und Geschädigten zurückerstatten.

Wenn ein Mensch sich Jesus öffnet, verändert sich sein Leben. Darum heißt es am Ende von Jesus:

„Der Menschensohn ist gekommen, zu suchen und selig zu machen, was verloren ist." (die ganze Geschichte steht bei Lukas 19, 1-10)

Andacht zum Mitnehmen Nr. 23

Was ist der Mensch ?

Vieles hat die Corona-Krise offen gelegt, vor allem dieses eine: es geht nicht immer weiter nach oben mit dem Wirtschaftswachstum. Und Fragen nach dem Leben sind wieder aktuell: Was bin ich als Mensch? Was ist der Sinn? Arbeiten, um zu leben? Leben, um zu arbeiten?

Auf diese Fragen antwortet die zweite Schöpfungsgeschichte (1. Mose 2, 4b-9+15). Diese Erzählung ist nicht der Versuch einer Erklärung, sondern eine theologische Deutung.

Am Anfang wird eine Wüste beschrieben, in der es kein Leben gibt. Erst Wasser bringt Leben. Mit Feuchtigkeit wird der Wüstenboden getränkt, geknetet und zu einem Körper modelliert. Der Mensch lebt – wie von einem Töpfer geformt.

Eine Vorstellung, die wir mit dem heutigen Wissen als völlig überholt beiseite schieben. Denn Leben ist viel mehr als lebendig gewordene Erde.

Dabei übersehen wir zu leicht, dass wir zwar nicht aus Staub sind, aber am Ende doch zu Staub werden. „Erde zu Erde, Asche zu Asche, Staub zum Staub" heißt es bei jeder Beisetzung.

Diese Erzählung von der Schöpfung beantwortet die Frage: Was ist der Mensch?

Seit Jahrtausenden bewegt Menschen diese Frage. Die Erzählung gibt eine deutliche Antwort: Gott hat den Menschen gewollt. Wir Menschen sind mehr als ein Zufall der Evolution, als das Ergebnis einer Lotterie des Universums. Wir sind von Gott gewollt.

So wie Martin Luther es als Erklärung zum Glaubensbekenntnis geschrieben hat: „Ich glaube, dass Gott mich geschaffen hat."

Diese Erzählung beantwortet die Frage nach dem Menschen auch persönlich: Du bist von Gott gewollt. Egal, wie Du dich selber siehst. Mit den Erfolgen im Leben oder mit den Misserfolgen: Du bist gewollt.

Viele kennen das Lied von Jürgen Werth: „Du bist gewollt, kein Kind des

Zufalls, keine Laune der Natur, ganz egal, ob du dein Lebenslied in Moll singst oder Dur. Du bist ein Gedanke Gottes, ein genialer noch dazu. Du bist du, das ist der Clou, du bist du, ja, du bist du."

Dieser Gedanke ist heute wichtiger denn je: das menschliche Erbgut ist weitgehend entschlüsselt. Manche möchten den Menschen verbessern. Dabei sind Neben- und Folgewirkungen gentechnischer Eingriffe in das menschliche Erbgut noch nicht so gründlich erforscht, dass jegliche Nebenwirkungen ausgeschlossen werden können. Welche Schritte sind ethisch zu rechtfertigen? Fest steht auf jeden Fall: wir dürfen nicht alles, was wir können.

Gentechnik kann das Schöpfungswerk Gottes nicht nachahmen, sondern nur fortsetzen. Gott hat aus dem Nichts ins Leben gerufen. Wir Menschen können Leben nur aus Leben schaffen. So sehr wir Menschen uns bemühen, wir bleiben Geschöpfe und werden dem Schöpfer nicht gleich.

Als Geschöpfe Gottes leben wir von seiner Barmherzigkeit. Er hat uns gewollt, nicht wir selbst, auch nicht unsere Eltern. Schließlich bleibt die Zeugung neuen Lebens ein Wunder, trotz allem Wissen und aller Planung.

Nach der Erschaffung des Menschen stellt Gott die Versorgung des Menschen sicher, legt einen Garten an.

Auch wenn wir viel dafür tun müssen, damit wir uns versorgen können – wir verdanken es trotzdem nicht uns selbst. Und dafür, dass wir atmen können, können wir nun wirklich nichts tun. Wir leben auch heute davon, dass Gott uns versorgt.

Dass es dabei große Unterschiede gibt, erleben alle, die aufmerksam durchs Leben gehen. Die einen sind reich, können sich viel leisten, und nutzen ihren Einfluss, um noch mehr zu sammeln. Und für andere bleibt immer weniger. Eigentlich aber würde es für alle reichen. Wissenschaftler gehen davon aus, dass es auf unserer Erde für noch mehr als sieben Milliarden Menschen reicht. Und schließlich geht überall dort die Geburtenrate zurück, wo sich die Lebensverhältnisse bessern.

Den Lebensraum „bebauen und bewahren" – das ist der Auftrag des Menschen bis heute. Der Mensch wird nicht für sich selbst geschaffen. Wir müssen arbeiten, um unser Einkommen zu sichern. Um von dem Gebrauch zu machen, dass Gott uns im Grunde versorgt. So gehört die Arbeit zu uns Menschen untrennbar dazu.

Zum Bebauen gehört auch das Bewahren. Arbeit hat eine Grenze. Sie darf Menschen nicht zerstören.

Die Erzählung von der Schöpfung des Menschen gibt Antworten auf Grundfragen des Lebens. Sie führt uns in Gottes Gegenwart. Er ist da, mitten im Alltag, mitten im Leben, auch bei uns. Er hat uns gewollt, versorgt uns und beauftragt uns. So können wir uns über Gott von Herzen freuen und ihn loben.

Andachten zum Mitnehmen Nr. 24

Grund zum Danken

„Es reicht!" - Unzufriedenheit macht sich bei manchen breit.

Das Motto für dieses Erntedankfest in der Kirche hat mit Unzufriedenheit nichts zu tun: „Es reicht – aus der Fülle leben!" Die Fülle ist da, wenn wir uns beim Einkaufen umschauen.

Damals bei Jesus war die Ausgangslage äußerst schwierig: viele Menschen waren zusammen gekommen, um Jesus zu hören. Die Gegend war menschenleer, das nächste Dorf weit weg. Kein Supermarkt, kein Catering-Service. Für manche war der Weg nach Hause recht weit.

Eine aussichtslose Lage, zumindest war sie völlig unübersichtlich und unabsehbar.

Unser Land im März 2020: In den Supermärkten gibt es auf einmal nur noch manchmal Klopapier. Und wenn, dann ist es schnell wieder ausverkauft. Auch Nudeln, Ketchup und Mehl waren immer wieder Mangelware. Alle mussten plötzlich lernen, mit Mangel zu leben.

Schulen waren geschlossen, Kirchen auch. Büroarbeit wurde ins Homeoffice verlagert, wobei nicht selten gleichzeitig auch die Schulkinder in den Familien zu betreuen waren. Bis zu einem halbwegs normalen Schulunterricht dauerte es bis nach den Sommerferien. Kontaktbeschränkungen in Pflegeheimen und Krankenhäusern bestehen zu einem großen Teil bis heute..

Aber es war nicht nur der Mangel. Es gab auch Zeichen der Solidarität. Junge Menschen haben für Ältere eingekauft, Tausende boten Landwirten Hilfe an. Und manche nähten Alltagsmasken für andere. Gegenseitige Hilfe an verschiedenen Stellen.

Neue Wege auch in den Kirchengemeinden. Andachten wurden gedruckt und auf unterschiedlichen Wegen angeboten, an einer Wäscheleine aufgehängt oder wie diese Andacht in einer Prospektbox zum Herausnehmen.

Seitdem gibt es das Kirchenmagazin in Meer-Radio sonntags von 11 bis 12 mit Beiträgen aus unserem Kirchenkreis. Einzelne Kirchengemeinden stellen ihre Gottesdienste ins Internet und lassen so Interessierte am Gottesdienst teilhaben. So hat die Krise auch neue Wege gezeigt.

Alle mussten lernen: ein kleines Virus, für die Augen unsichtbar, kann die ganze Erde stilllegen.

Zurück zu Jesus. Jesus sieht die vielen Menschen (Markus 8, 1-9). Sie erleben Nähe und Gemeinschaft. Für den Geist und für die Seele ist gesorgt. Aber nun fordert der Leib sein Recht.

Was sollten die Jünger tun? Die Menschen hungrig nach Hause schicken? Jesus sorgt sich um die, die zu ihm gekommen sind, um von Gott zu hören. Er will nicht nur mit guten Worten bei ihnen bleiben, sondern die Menschen sollen leiblich spüren, dass Gott sie liebt.

Er lässt die vielen Menschen sich im Gruppen setzen. Nun verteilen die Jünger, was sie haben: sieben Brote und einige Fische.

Wie ist das möglich?

Die einen erklären: viele haben das, was sie mitgebracht haben, mit anderen geteilt. Das Wunder ist beides: wie das wenige für alle reicht und die, die was mithaben, nun doch mit anderen teilen. Nur: Wie hat Jesus das gemacht?

Das lässt sich mit einem bekannten Schema beschreiben: Du siehst ein Problem, überlegst, was getan werden kann und was Du dafür brauchst, und dann sorgst Du dafür, dass Dein Plan umgesetzt wird. Schließlich schaust Du, ob das Problem beseitigt ist.

Eben dieser Ablauf lässt sich hier bei Jesus sehen: das Problem: Tausende sind hungrig; Beurteilung der Lage: sieben Brote sind da; Planung: Brot und Fische sind zu verteilen.

Allerdings hat Jesus dieses Schema erweitert. Ein kleines Wort kommt zweimal im Text vor. Zweimal nahm Jesus Kontakt zu seinem Vater auf und dankte für das, was viel zu wenig war. Und das Wunder geschah: es reichte für alle. Und es blieb noch viel übrig.

Der Dank ist wesentlich. Jesus nimmt die Brote - und dankt Gott dafür. Er dankt für das, was da ist. Was wir meistens selbstverständlich hinnehmen.

Dafür Gott danken. Unser Dank bezieht sich auf das ganze Leben, nicht nur auf die Ernte in Hof und Garten, auch in der Industrie, auch in den Branchen, die von der Corona-Krise schwer getroffen worden sind.

Wir können für das Wenige danken, das da ist, nicht nur für die Fülle. „Es reicht – aus der Fülle leben". Das gilt. Diese wunderbare Brotvermehrung erinnert uns daran, Gott zu danken - und dass wir teilen sollen. Gott möchte, dass alle satt werden. Gott hat eine Fülle, die unseren Mangel weit übersteigt. Wir leben aus der Fülle Gottes, es reicht für viel mehr als wir denken.

Dafür lohnt es sich zu arbeiten, jede und jeder an seinem Ort.

Andacht zum Mitnehmen Nr. 25

Reif für die Insel?

Fühlen Sie sich „Reif für die Insel"? Mit dieser Frage meine ich keine TV-Serie. Sondern die Sehnsucht nach Kraft.

Denn der Alltag nutzt ab, kostet Kraft. Die Anspannung durch die Umstände dieser Monate ist deutlich zu spüren. Die Schulkinder sind zu Hause, es sind Ferien. Oder das Projekt in der Firma, das möglichst schnell abgearbeitet sein soll - und es hat schon zu lange gedauert. Oder wieder ein Bewerbungsgespräch: dieses Mal muss es klappen! Oder die Frage: wie geht es weiter? Wann kommt der ersehnte Silberstreifen am Horizont?

Die Spannkraft lässt nach. Innerlich auftanken, ja, das wäre jetzt wirklich gut! Die Lebenskräfte erneuern wie im Urlaub. Aber wann ist Zeit dafür?

Vielleicht reicht schon eine kurze Zeit, einige Minuten oder mehr. Der innere Blick auf einen Kraftort, vielleicht auf eine Insel. Die Sie im Urlaub vor längerer Zeit oder erst in den letzten Monaten kennen gelernt haben. Den stetigen Wind spüren, den Sand durch die Finger rieseln lassen. Die Wärme am Strand spüren. Der Blick geht zu den Wellen, die auf den Strand zulaufen. Immer wieder kommt eine Welle. Und sie läuft am Strand aus. Immer und wieder wieder. Wellen, die nie aufhören, das ist unendliche Kraft. Schon das Zuschauen lässt die inneren Kräfte wieder stärker werden, schon die Vorstellung davon.

Die Wolken ziehen schnell dahin, sie machen den Blick weit, Als ob sich der Himmel am Meer besonders hoch wölbt. Wer das erlebt, fühlt sich klein angesichts der Größe des Meeres und des Himmels. So klein wie wir wirklich sind. Wir tragen nicht die Erde, die Erde trägt uns. Und unsere Fragen werden wie von selbst leise und klein. Wenn der Wind nicht wäre, wäre das Gefühl von Geborgenheit vielleicht noch stärker.

Reif für die Insel – das meint: Abstand vom Alltag nehmen. Schon auf der Fahrt mit der Fähre setzt der Abstand ein. Und auf einer Insel ist das Leben etwas eingeschränkter als an Land: was benötigt wird, muss per Schiff auf die

Insel gebracht werden. Die Möglichkeiten sind kleiner, aber das tut auch gut.
Und dann Staunen über die Kraft des Meeres und über die Weite des Himmels.
Im ersten Teil der Bibel, im Buch der Psalmen, staunt jemand über Gott:
„Herr, deine Güte reicht so weit der Himmel ist
und deine Treue so weit die Wolken ziehen." (Psalm 36, 6)
Gott kann so zu einer neuen Kraftquelle werden, über jede Insel hinaus. Er ist Weite, Zuwendung und Kraft.

Andacht zum Mitnehmen Nr. 26

Stille Adventszeit

Diese Advents- und Weihnachtszeit wird anders sein als die früheren. Es wird eine Zeit, die sich vor allem „ohne" auszeichnet: ohne Weihnachtsmärkte, ohne Weihnachtsfeiern, ohne „Lebendigen Adventskalender", ohne große Familientreffen zu Weihnachten.

Etliche Jahrhunderte war die Adventszeit eine Fastenzeit, eine Vorbereitung auf das Weihnachtsfest. Sie war eine stille Zeit ohne große Feierlichkeiten, mit Verzicht auch bei den Mahlzeiten.

Heute ist die Adventszeit eher das Gegenteil: eine Zeit der Hektik und der Feiern, ein Termin löst den anderen ab.

In diesem Jahr ist die Adventszeit als eine Zeit „ohne" die gewohnten Angebote eine Zeit des Verzichts, allerdings von außen erzwungen. Das Corona-Virus sorgt für eine ungewohnte Adventszeit.

Advent ist Erwartung auf den Kommenden. In dieser Adventszeit gehen die Erwartungen viel weiter als auf Weihnachten oder das Jahresende. Erwartungen richten sich auf die Impfung gegen das Corona-Virus: wann werden alle diejenigen geimpft werden können, die das möchten? Wie wird dann der Alltag sein, die Regeln hoffentlich wesentlich erleichtert? Wann wird es wieder möglich sein, Gaststätten und Restaurants zu besuchen, an Schulen ohne Einschränkungen zu unterrichten, Sportveranstaltungen zu besuchen und alles andere?

Wir leben in einer Zeit der Erwartung – nutzen wir diese Zeit, um Dinge zu tun, die Sie schon lange tun wollten: ein gutes Buch lesen, die Lieblingsmusik ausgiebig hören, bestimmte DVDs anschauen oder den lange aufgeschobenen Spaziergang zu machen.

Oder einen der ruhigen Gottesdienste dieser Woche zu besuchen. Advent heißt: er kommt. Er kommt anders als erwartet: nicht mit Gewalt, sondern „Siehe, dein König kommt zu dir, ein Gerechter und ein Helfer." Es kommt der, der helfen kann und will.

Andacht zum Mitnehmen im Advent 2020

Durch seine Wunden sind wir geheilt

Das Kreuz steht für den christlichen Glauben. Das gilt vor allem für Muslime in islamisch geprägten Ländern. So eindeutig christlich wie das Kreuz bei uns noch vor einigen Jahrzehnten war, ist es heute nicht mehr.

Allein schon die Idee einer Osterruhe mit Karfreitag und der Bitte, auf Präsenz-Gottesdienste zu verzichten, wirkt befremdlich. Als sei Karfreitag ein Feiertag wie jeder andere und Ostern ein beliebiges Fest mit Kurzurlaub. Dabei ist Ostern das wichtigste Fest im christlichen Kalender. Karfreitag allerdings ist eher ein unbequemer Feiertag. Gewalt, Kreuzigung, Tod – das sind keine Themen, mit denen sich jemand gern beschäftigt.

Karfreitag ist und bleibt ein besonderer Tag, der Tag, der an die Kreuzigung Jesu erinnert.

Die frühen Christen haben wenige Jahrzehnte später Verbindungslinien zwischen der hebräischen Bibel und der Kreuzigung Jesu gefunden und betont: vor allem im „Gottesknechtslied" in Jesaja Kapitel 53.

Unklar ist, von wem der Prophet spricht. Jüdische Theologen haben diese Worte auf den Weg des Volkes Israel gedeutet, auf seine Geschichte der Verachtung und Verfolgung. Aber wie passt dazu der Gedanke der Stellvertretung?

„Fürwahr, er trug unsre Krankheit und lud auf sich unsre Schmerzen. Er ist um unsrer Missetat willen verwundet und um unsrer Sünde willen zerschlagen. Die Strafe liegt auf ihm, auf dass wir Frieden hätten, und durch seine Wunden sind wir geheilt."

Auf Jesus lassen sich diese Worte vom Gottesknecht nicht unmittelbar übertragen. Manche Einzelheiten passen nicht: Menschen haben sich Jesus immer schön vorgestellt, eben ein Mann in den besten Jahren. Jesus hat die Massen angezogen, so sehr, dass Schriftgelehrte und Priester eifersüchtig wurden.

Allerdings war das auf seinem Weg ans Kreuz anders. Darin sind sich alle Evangelisten einig.

Die vielen, die zuschauten, als Jesus am Kreuz hing, brachten ihm Spott und Verachtung entgegen. Sein Menschsein war ihm abgesprochen. Seine engsten Freunde schauten nur aus der Ferne zu.

Das Kreuz ist bis heute ein hässliches Zeichen, außer wenn es aus Gold am Hals hängt oder am Jackett angesteckt ist. Wenn wir auf das Kreuz schauen, dann schauen wir einen Hingerichteten an. In jedem Gottesdienst.

Der Gottesknecht gibt sein Leben stellvertretend für sein Volk. Wie kann das vor sich gehen? Einer gibt sein Leben für alle?

„Fürwahr, er trug unsre Krankheit und lud auf sich unsre Schmerzen. Und weiter: Die Strafe liegt auf ihm, auf dass wir Frieden hätten, und durch seine Wunden sind wir geheilt." (Jesaja 53, 4, Luther-Übersetzung)

Wie ist eine solche Stellvertretung möglich? Selbst im Blick auf den Gottesknecht gibt es dafür keine Antwort, die logisch erklärbar wäre. Sie ist nur im übertragenen Sinn zu verstehen. Und es bleibt die Frage: Wie kann jemand stellvertretend eine Strafe tragen für etwas, was weit in der Zukunft liegt? Auf diese Frage gibt es keine Antwort.

Ebenso wenig wie auf die Frage: Wie kann der Tod Jesu am Kreuz für uns Vergebung unserer Schuld bedeuten? Wir können die Zusage der biblischen Schriften nur annehmen und darauf vertrauen.

Den Weg Jesu ans Kreuz können wir als Weg der Hingabe für alle verstehen und annehmen, die Jesus vertrauen. Darum hat er auch für uns alle Schuld und Missetat getragen.

Wie es hier heißt: *„Durch seine Erkenntnis wird er, mein Knecht, der Gerechte, den Vielen Gerechtigkeit schaffen; denn er trägt ihre Sünden."* (Jesaja 53, 10b - Basis-Bibel)

Im Blick auf Jesus wird eines klar: sein Weg ist mit dem Kreuz nicht zu Ende. Das Kreuz ist kein Scheitern, kein Irrtum der Geschichte. Jesu Weg ging weiter. Wir lassen uns an seine Auferstehung erinnern. Auferstehung, das ist Sieg über den Tod. Sieg über die letzte Macht.

Karfreitag allein ist hoffnungslos. Tot ist tot. Mit der Botschaft der Auferstehung wird Karfreitag der Weg zum Leben.

So haben wir Hoffnung und Gewissheit: er hat unsere Schuld ans Kreuz getragen. Er ist um unsertwillen gestorben, auch um meinetwillen. Sein Tod mündet in die Auferstehung, in Gottes neue Welt. *„Durch seine Wunden sind wir geheilt."*

Darum haben wir Hoffnung, darum können wir fröhlich leben.

Das Kreuz malt uns vor Augen: Jesus ist für uns. Mit ihm haben wir das Leben.

Andacht zum Mitnehmen – Karfreitag 2021

Aus Angst wird Freude

Für manche ist es immer noch eine Mutprobe, nachts über den Friedhof zu gehen. Abgesehen davon, dass das sowieso nicht erlaubt ist: der Tod hat die Phantasie von Menschen schon immer beflügelt. Und auf einem Friedhof kann einem schon gruselig werden, wenn es stockdunkel ist und die Wacholder sich im Wind bewegen. Da könnte sich doch jemand verstecken.

Tod hat mit Angst zu tun. Darum wird von denen, die das leere Grab Jesu zu sehen bekamen, Angst und Furcht geschildert. Das erste Ostern hat mit Angst begonnen, und erst sehr viel später mit Glauben und Freude.

Frühmorgens, noch vor Sonnenaufgang, sind zwei Frauen auf dem Weg zum Grab Jesu. (Matthäus 28, 1-10)

Sie haben gerade die Stadtmauer von Jerusalem passiert. Noch ist alles ganz frisch, der Abschied, dieser grauenvolle Tod. Und nun soll die Zeit mit Jesus vorbei sein? Seine machtvollen Predigten, seine Wunder, seine Zuwendung, die Weise, wie er in ihr Leben eingegriffen hat? Sie haben in den letzten Jahren für Jesus gelebt. Darum wollen sie ihm nun die letzte Ehre erweisen. So wie manche von uns Tage nach der Beisetzung noch einmal zum Grab eines guten Bekannten gehen und dort in Stille Abschied nehmen.

Die Frauen haben das Grab noch nicht erreicht, da bebt die Erde. Das berichtet jedenfalls Matthäus. Das Grab ist offen. Der Rollstein, der den Eingang verschließen sollte, ist beiseite gerollt. Die Wächter vor dem Grab liegen geschockt am Boden. Dann sehen sie dazu eine leuchtend weiße Gestalt. Das ist nun endgültig zu viel. Sie erstarren vor Angst.

Dann hören sie eine Stimme: *„Fürchtet euch nicht!"* Die Ahnung kommt ihnen mit einem Mal: das alles muss mit Gott zu tun haben. Der Lichtglanz, das ist doch Gott – und kein missglücktes Feuerwerk. Gott ist da, bei ihnen. Sie haben es mit Gott zu tun, aber ihn sehen sie nicht. Das macht ihnen Angst und lässt sie verstummen. Sie hören die Worte und wissen: sie sind angesprochen, es ist ja sonst niemand da.

Was wirklich in der Grabkammer vorgegangen ist, bleibt verborgen. Für die Auferstehung Jesu gibt es keine Zeugen. Und dafür kann es auch nicht geben, denn wo Gott wirkt, kann es kein Mensch aushalten.

Wie auch immer Auferstehung heute vom Denken her betrachtet wird, sie sprengt so oder anders unser Denken. Hier ist etwas völlig Neues geschehen, der Anfang der neuen Schöpfung Gottes. Etwas, was vorher noch nie da gewesen ist.

Die Frauen brauchen Zeit, bis sie die Worte aufnehmen können. Sie müssen ruhiger werden, damit sie hören können. Der Engel erklärt ihnen: *„Ich weiß: Ihr sucht Jesus, der gekreuzigt wurde. Jesus ist nicht hier. Gott hat ihn von den Toten auferweckt, wie er es vorausgesagt hat."* Und dann sollen sie sich selbst überzeugen und sich schnellstens auf den Weg zu den Jüngern machen. Sie sollen ihnen erzählen, was geschehen ist.

Frucht und Erschrecken sind noch nicht ganz vorbei, aber leise kommt etwas Freude dazu. Die Frauen überzeugen sich von der Botschaft des Engels. So groß, so gewaltig ist die Botschaft. Sie finden Jesus nicht, das Grab ist leer. Schnell machen sich die Frauen auf den Weg, um die Botschaft des Engels weiter zu sagen.

Sie sind noch auf dem Weg - plötzlich steht der auferstandene Jesus vor ihnen. Sie erkennen ihn und überzeugen sich, dass es Jesus ist.

Und dann sollen sie den Jüngern noch etwas sagen: *„Geht nach Galiläa"* - das heißt: der Auferstandene will seinen Freunden dort begegnen, wo sie zuhause sind.

Die Auferstehung Jesu ist nicht nur eine wichtige Geschichte für Ostern. Sie ist mehr als eine Bereicherung des Lebens. Sie ist mehr als das Grünwerden der Büsche und Bäume nach dem Winter, mehr als das Wiederwachen des Lebens nach dem Winter. Das geschieht jedes Jahr.

Die Auferstehung Jesu ist einmalig. Mit der Auferstehung beginnt Gottes neue Welt. Und damit ändert sich unser Leben: mit dem Auferstandenen haben wir eine Hoffnung, die uns durch alle Tiefen hindurch tragen will, unser ganzes

Leben lang. Wer auf den Auferstandenen hofft, soll am Ende auch bei ihm ankommen. Für die, die dem Auferstandenen vertrauen, ist der Tod die Tür zum Leben bei Gott in seiner neuen Welt.

Martin Luther hat einmal gesagt: *„Ich wollte niemals einen andern Gedanken haben als den: die Auferstehung ist für mich geschehen."* Darum können wir heute feiern und fröhlich sein.

Andacht zum Mitnehmen Ostern 2021

Neuanfang

Manche Begegnungen mit anderen Menschen hinterlassen deutliche Spuren. Das müssen keine prominenten Menschen sein. Es kann ein Mensch wie Du oder ich sein, dessen Gedanken einen bereichert und auf einen neuen Weg gebracht haben.

Die Jünger haben Jerusalem verlassen und sind in ihren Alltag zurück gekehrt, als Fischer auf dem See Genezareth. Die Jahre mit Jesus sind nicht vergessen, aber das Leben muss weiter gehen. Und für den Lebensunterhalt muss auch gesorgt werden. Allerdings haben sie in der Nacht nichts gefangen, keinen einzigen Fisch, nicht einmal fürs Frühstück reicht es.

Alltag – nicht immer grau, sondern manchmal ganz schön dunkel. Wenn die Arbeit nicht enden will und der PC plötzlich ausfällt – und die letzte Datensicherung hat auch nicht geklappt. Oder wenn das Auto gerade jetzt nicht anspringen will, wo ausnahmsweise ein wichtiger Termin ansteht.

Oder ein Gerät fällt aus, das für eine bestimmte Aufgabe gebraucht wird – und der Kundendienst kann nicht sofort kommen. Oder Aufträge bleiben wegen Corona aus.

Misserfolge im Alltag – wenn die nicht wären, wäre der Alltag halb so schlimm. Die Pandemie verstärkt die Belastungen.

Es kommt natürlich auch darauf an, wie wir damit umgehen können: für manche ist jedes Problem eine mittlere Katastrophe, für andere aber eher eine Herausforderung, an der sie wachsen wollen. (Johannes 21, 1-14)

Als die Jünger nach der erfolglosen Nacht dem Ufer näher kommen, sehen sie eine Gestalt und hören die Frage: „Habt ihr nichts zu essen?"

Nein, es gibt nichts, der Fang ist null. Das Frühstück muss ausfallen. Da können wir auch keine Gastfreundschaft bieten.

Die Gestalt sagt ihnen: „Fahrt noch mal raus aufs Wasser und werft das Netz auf der rechten Seite aus!"

Ob das ein Schlauberger ist? Wie will der denn wissen, wo die Fische sind?

Aber was macht man nicht alles, um wenigstens ein paar Fische ins Netz zu bekommen! Schaden kann es ja nicht. Also rudern sie wieder los, werfen das Netz aus. Und nach kurzer Zeit haben sie ihre Mühe mit dem Netz. Es ist voll, so voll, dass sie es nicht ins Boot ziehen können.

Was machen wir, wenn der Tag ein ziemlicher Misserfolg ist, wenn nichts von der Hand geht?

Beten? Das wäre eine Möglichkeit. Beten, um ruhig zu werden. Beten, um offen zu werden für Gottes Stimme. Für die Gedanken und Ideen, die er uns schon längst gegeben hat.

Um so einen Weg zu finden, der weiter führt. Der sicher nicht immer einen misslungenen Tag zu einem Riesenerfolg macht. Aber immerhin eine neue Chance zeigt, einen Weg nach vorn. Vielleicht sogar die Lösung des Problems.

Das ist etwas anderes, als was die Jünger getan haben. Die haben nämlich nicht gebetet. Sie haben ja schon den ungebetenen Rat bekommen. Und sie haben damit Erfolg.

Zahlen in der Bibel haben meistens eine eigene Bedeutung, das gilt auch die Zahl 153. Allerdings ist ihre Deutung nicht ganz klar: vermutlich steht sie für die Zahl der damals bekannten Völker.

Damit ist die Begegnung noch nicht zu Ende. Petrus – bekannt für seine betonten Reaktionen – wirft sich sein Obergewand über, bedeckt sich und springt vom Boot ins Wasser. Warum? Ihm dürfte klar geworden sein, dass es Jesus war, der ihnen den Rat gegeben hatte, und der nun immer noch am Ufer steht. Petrus schämt sich, weil er den Auferstandenen nicht früher erkannt hat.

Die Jünger rudern ans Ufer – und Jesus hat schon ein Feuer angezündet, schnell liegen einige Fische neben dem Brot. Und Jesus frühstückt mit seinen Jüngern. Jesus ist für sie da, der Auferstandene für die mit Zweifeln und einem kleinen Glauben, aber auch für die mit einem starken Glauben.

Der Auferstandene steht bereit, um uns zu stärken. Er ist uns da, auch für die,

die von den Folgen der Pandemie entmutigt sind.

Diese Geschichte aus dem Alltag ist eine Ermutigungsgeschichte: wir sind nicht allein, auch wenn wir den Auferstandenen nicht sehen und nicht erkennen können. Aber er ist uns nahe, in unserem Alltag, und gerade in den Misserfolgen und Pannen. Er gibt uns Mut.

Wir können das Alte hinter uns lassen und anfangen, ihm zu vertrauen. Wir können beten, wir können in der Bibel lesen, Worte des Lebens von ihm. Oder eine christliche Biografie. Das ist genug für einen neuen Anfang im Vertrauen.

Andacht zum Mitnehmen 03/2021

Ausgesorgt

Das Bild des Hirten ist den meisten immer noch bekannt. Die Kirche in Schneeren trägt den Namen „Kirche zum guten Hirten" (wie manche anderen Kirchen auch). Das entscheidende Wort ist „gut". Der wirklich gute Hirte ist der eine, Jesus Christus.

Heute geht es um Hirten im übertragenen Sinn, um Menschen, die Verantwortung übernommen haben. Es geht darum, wie sie diese Verantwortung wahrnehmen.

Der Prophet Hesekiel musste um 600 v. Chr. die Verantwortlichen im jüdischen Volk zurechtweisen, als Gottes Botschaft (Hesekiel 34, 1+2, 20-26, 31).

„So spricht Gott, der HERR! Ihr Hirten von Israel, ihr weidet euch ja selbst. Weiden Hirten sonst nicht die Schafe?

So spricht Gott, der HERR! Ich gehe gegen die Hirten vor und fordere meine Schafe von ihnen zurück. Ich sorge dafür, dass sie nie wieder Schafe weiden."

(den ganzen Text können Sie auf der Rückseite lesen)

Ein großer Teil des jüdischen Volkes lebte in der Verbannung in Babylon, weit entfernt von der Heimat, vom Tempel und von Gott und von ihrer Geschichte. Nach außen nahmen Verantwortliche, das waren vor allem Priester und hohe Beamte der eigenen Verwaltung, ihre Aufgaben für ihre Landsleute wahr. Aber in Wirklichkeit sorgten sie vor allem für sich selbst, für ihren eigenen Vorteil. Hauptsache, ihnen ging es gut.

Fast drei Jahrtausende sind seit Hesekiel vergangen. Und doch klingen diese Prophetenworte wie Schlagzeilen aus einer beliebigen Zeitung von heute. Ein Schelm, wer nun an einzelne Politiker denkt, die im Privaten gegen Corona-Regeln verstoßen haben, indem sie in großem Kreis gefeiert haben? Oder dass manche die Krise für sich selbst genutzt haben?

Menschen mit Verantwortung gibt es bei uns nicht nur in der Politik, sondern auch in der Wirtschaft, in der Wissenschaft, in der Kultur, im Sport und in den Kirchen.

In den großen Kirchen ist vor allem Glaubwürdigkeit gefragt. Die katholische Kirche in Deutschland leidet unter dem Missbrauchsskandal im Erzbistum Köln. Diese Glaubwürdigkeitskrise betrifft dann auch unsere Kirche. Denn es gibt nicht wenige, die nicht mehr zwischen evangelischer und katholischer Kirche unterscheiden. Und Skandale gibt es in beiden Kirchen.

Das Bild vom Hirten trifft am Ende aber nicht nur andere, sondern auch uns selbst. Überall, wo wir Verantwortung für andere übernommen haben, und sei sie noch so gering, gilt dieses Bild. Sind wir nun schlechte oder gute Hirten?

Nach dem harten Urteil Gottes über die schlechten Hirten des jüdischen Volkes stellt Hesekiel Gottes Plan vor. Er nimmt den Verantwortlichen nicht nur ihre Aufgabe, also ihr Hirte-sein, sondern er übernimmt selbst das Amt des Hirten.

Denn niemand soll mehr hungern oder dürsten.

Wer schwach ist, soll gestärkt werden.

Wer Schutz braucht, soll ihn bekommen.

Gott will alle sammeln, niemand soll allein bleiben.

So will Gott zum Leben helfen. Das ist seine erklärte Absicht. Gott ist der gute Hirte, der es wirklich gut meint.

An diese Worte Gottes, die der Prophet Hesekiel weitergegeben hat, hat Jesus angeknüpft: *„Ich bin der gute Hirte, der gute Hirte gibt sein Leben für die Schafe.“* Johannes 10, 11)

Im Auftrag Gottes sammelt Jesus Menschen und sorgt für sie. Allerdings ist er weiter gegangen als jeder Hirte, jede Hirtin, wenn er sein Leben eingesetzt hat.

Damit wir hoffen können, hat Jesus hat sein Leben gegeben. Er hat am Kreuz gelitten, ist gestorben und auferstanden, damit auch wir begründete Hoffnung haben können: der Tod ist besiegt.

Davon leben wir, dass Jesus der gute Hirte auch für uns ist. Er vergibt, er nimmt an und hilft uns dazu, dass wir glaubwürdig leben können, wo wir selbst

Verantwortung tragen, in der Familie, in der Nachbarschaft, in der politischen und in der Kirchengemeinde. Wir können Fehler und Versagen und Schuld zugeben.

Mit Jesus haben wir ausgesorgt, denn er sorgt für uns, in all dem, wo wir nicht für uns sorgen können. So ist er der gute Hirte. Das gilt besonders in dieser Zeit, in der wohl alle auf Veränderungen zum Positiven hoffen. Wir wünschen uns Freiheit nach den corona-bedingten Einschränkungen, mehr Luft zum Leben. Besonders für diejenigen, deren wirtschaftliche Existenz bedroht ist. Luft zum Leben für diejenigen, die unter den Folgen einer Covid-19-Infektion leiden.

Jesus ist der gute Hirte – heute für uns.

Andacht zum Mitnehmen 04 / 2021

„Ihre Verbindung wird gehalten"

Der Frühling ist in den letzten Tagen auch in den kleinsten Vorgärten angekommen. Blüten leuchten vor allem in Gelb. Der Wind ist frisch und kühlt aus. Warm ist es nur in der Sonne.

Das Grau-braune des Winters ist vorbei. Das tut all denen gut, die empfänglich sind für Winterdepressionen. Diese Zeit ist nun vorbei, die Frische des Frühlings kann dunkle Gedanken vertreiben. Auch wenn Corona und die Gedanken daran allgegenwärtig sind. Wann zeigen sich Veränderungen zum Positiven, Erleichterungen, neue Möglichkeiten?

Wie kann der Glaube an Gott da weiterhelfen, Kraft geben?

Das Bild für diesen Sonntag ist der Weinstock. Dieses Bild hat Jesus nach dem Evangelisten Johannes auf die Beziehung seiner Jünger zu ihm angewandt (Johannes 15, 1-8). Es heißt: Jesus spricht:

„Ich bin der wahre Weinstock, und mein Vater der Weinbauer.

Ich bin der Weinstock, ihr seid die Reben. Wer mit mir verbunden bleibt so wie ich mit ihm, bringt reiche Frucht. Denn ohne mich könnt ihr nichts erreichen."

Wo Wein angebaut wird, steht der Weinstock in der kalten Jahreszeit wie abgestorben da. Die Reben sind die Zweige, die im Frühjahr aus dem Stock heraus wachsen. Sie tragen die Blüten und später die Trauben. Die Zweige können nur aus der Verbindung mit dem Stock leben.

Jesus betont mit diesem Bild, dass Menschen, die Jesus vertrauen, dieses nur aus der Beziehung zu ihm tun können. Es kommt alles auf diese Beziehung an. Dann kann daraus viel Gutes erwachsen.

Die Jünger konnten sich gemeinsam an Jesu Worte und Taten erinnern. So blieben sie gemeinsam auf dem Weg Jesu.

Heute befinden wir uns in einer anderen Lage. Die Schriften des Neuen Testamentes stammen aus einer für uns lange vergangenen Zeit und aus einer anderen Kultur. Darum müssen wir die Worte Jesu übersetzen, in unsere Zeit und Kultur.

Das Bild des Weinstocks betont die Beziehung, den engen Zusammenhang zwischen Jesus und denen, die ihm nachfolgen wollen. Sie ist so eng wie ein Weinstock mit seinen Reben.

So gut wie alle in Israel kannten von klein auf Weinstöcke. Sie wussten auch, dass der Weinstock in den Schriften des Alten Testamentes eine besondere Bedeutung hatte: Wein war Zeichen des göttlichen Segens.

Wie können wir heute bei Jesus bleiben? Ein Weg sind die Schriften des Neuen und dann auch des Alten Testaments. Sie erschließen uns Jesu Botschaft und Wirken – und Gottes Weg mit seinem auserwählten Volk.

Wir können bei ihm bleiben durch Lesen der Bibel und durch Beten. Wir können lesen und bedenken, was Jesus gesagt und getan hat. Mit allen Mitteln, die uns zur Verfügung stehen, nachforschen und nachlesen. Und das nicht nur dann und wann, wenn einem gerade danach ist, sondern mit einer Regelmäßigkeit. Das muss nicht jeden Tag geschehen, aber sicher mehrmals in der Woche. Es kann sein, dass das Lesen in der Bibel lange Zeit nichts zu bringen scheint, aber irgendwann berührt eine Geschichte oder eine Aussage. Die Müdigkeit verfliegt, das Alltägliche ist weg. Hoffnung und Kraft kommen wieder.

Dabei kann es helfen, zusätzlich eine andere als die gewohnte Übersetzung zu lesen, beispielsweise die neue Basisbibel. In heutigem Deutsch, aber präziser übersetzt als die Gute Nachricht, die viele schon als Konfirmanden erlebt haben.

Zum bei Jesus-bleiben hilft auch das Beten.

Vor einiger Zeit fragte mich jemand: „Wie geht das Beten?" Eine Frage, die Theologen meistens zu einfach ist. Ich habe geantwortet: „Beten ist wie das Reden mit einem Freund, einer Freundin. Beten bedeutet: ich kann Gott alles sagen, was mich bewegt, was mich bedrückt oder freut, wo ich nicht weiter weiß. Seine Antworten kommen nicht hörbar und auch eher selten. Durch einen Gedanken, der neu ist, durch Tipps anderer. Und wenn ich Gott alles gesagt habe, wenn ich nichts mehr zu sagen habe, schweige ich. Und ich kann mich in Gottes Gegenwart geborgen fühlen. Für das Beten gibt es hilfreiche Formen wie das Schließen der Augen und das Falten der Hände. Da gibt es keine Vorschriften. Manche beten gern draußen, beim Spazierengehen, sprechen halblaut vor sich hin. Andere setzen sich in eine ruhige Ecke zu Hause und beten in der Stille. Wieder andere beten, wenn sie sich zum Einschlafen hinlegen.

Jesus möchte durch Menschen wirken, auch durch uns. Er möchte unser Vertrauen stärken, uns immer wieder in seine Spur bringen.

Dazu helfen uns Bibel lesen und beten. Und das Zusammensein mit anderen Christinnen und Christen.

Andacht zum Mitnehmen 05 / 2021

Ein Lied für Gott

Singen ist nicht jederfraus und jedermanns Sache. Und jetzt geht Singen nur unter der Dusche oder wo sonst jemand allein ist. Gemeinsam singen geht derzeit nicht. Eine schmerzliche Erfahrung für alle, die gern singen.

Dabei gehört das Singen zum christlichen Glauben dazu, ist geradezu ein wesentlicher Bestandteil.

Diese Erfahrung hat sich mir besonders in Südafrika eingeprägt.

Ein Besuch mit einer Gruppe in einem Krankenhaus in Südafrika. Im Zimmer standen zehn Krankenbetten, alle belegt. Anstelle einer Tür hatte das Zimmer nur einen Vorhang.

Eine alte Frau hatte einen Schlaganfall erlitten. Sie wurde medizinisch versorgt. Angehörige waren bei ihr. Eine ältere Frau stimmte ein Lied an, ein Glaubenslied, das wir nicht kannten. Die Angehörigen zögerten etwas, dann sangen sie mit, dann auch die Angehörigen der anderen Kranken, schließlich alle im Zimmer.

Das Singen konnte das Leid in diesem Zimmer nicht vergessen lassen, aber die Texte der Lieder erinnerten alle an die Hoffnung auf einen starken Gott. Die Menschen waren nach den Liedern fröhliche, beinahe wie verwandelt.

Wie ist das bei Jesus gewesen? Hat er eigentlich gesungen? Sicher, er hat bestimmt gesungen, schließlich gehörte Singen auch zur jüdischen Glaubenspraxis. Vor allem die Psalmen wurden gesungen. Leider ist nirgendwo überliefert, nach welchen Melodien Psalmen gesungen worden sind.

Immer wieder hat Jesus Gott gelobt. Wie hier berichtet wird: „Ich preise dich, Vater, du Herr über den Himmel und die Erde! Denn du hast das alles vor den Weisen und Klugen verborgen. Aber den einfachen Leuten hast du es offenbart."

Ist das nicht Widerspruch? Gott verbirgt sich vor denen, die sich als klug verstehen. Gott hält sich verborgen, auch wenn Menschen nach ihm fragen.

Aus den Erzählungen der Chassidim, der frommen Juden im 19. Jahrhundert. Ein Kind geht zum Rabbi und fragt: „Warum finden die Menschen heute Gott nicht mehr?" Der Rabbi antwortet: „Weil sich niemand so tief bücken will."

Diese Erkenntnis spricht Jesus an: Gott offenbart sich, aber so, dass er nicht so einfach zu erkennen ist. Gott lässt seine Spuren erkennen, wie er will. Nach seinen Maßstäben und nicht nach unseren Wünschen.

Wir sprechen heute gern von Begegnungen „auf Augenhöhe". Das meint: wir müssen anderen so begegnen, dass sie sich angenommen und geachtet fühlen. Eben auf derselben Stufe.

Gott offenbart sich nicht auf Augenhöhe, zumindest nicht auf der Höhe, die wir Menschen für unsere Augenhöhe halten. Er ist in Jesus ein Mensch geworden. Damit hat er sich klein gemacht, um uns Menschen zu begegnen. Das ist Grund genug zum Singen, Grund zum Staunen über Gott.

Wie er mit uns Menschen umgeht. Auch wie Jesus zu sich einlädt: *„Kommt her zu mir, alle, die ihr mühselig und beladen seid; ich will euch erquicken."* *(Matthäus 11, 25-30)*

Die Einladung Jesu ist wie eine Pause mitten in anstrengender Arbeit, wie ein Aufatmen inmitten vieler Termine. Wie eine Tasse Kaffee oder Mineralwasser. Zur Ruhe kommen, Ruhe und neue Kraft finden - dafür haben wir den Sonntag. Einen Tag in der Woche, den wir selbst gestalten können. Wenigstens für ein paar Stunden. Im Gottesdienst können wir die Lasten ablegen, neue Kraft tanken, Ruhe finden vor Gott. Darum kann ein ruhiger Gottesdienst, auch wenn er mehr eine kurze Andacht ist, eine Quelle der Kraft sein, auch ohne Singen.

Jesus nimmt nicht unbedingt Lasten ab, aber er hilft beim Tragen: *„Nehmt auf euch mein Joch und lernt von mir; denn ich bin freundlich und von Herzen demütig; so werdet ihr Ruhe finden für eure Seelen."*

Die Last Jesu aufnehmen, das ist der Weg, der nach unten führt, der Menschen aufsucht, und nicht den Erfolg. Der Weg, der Mut zum Kleinen und Geringen verwirklicht.

Der Spannungen und Widersprüche aushält, dunkle Seiten und Schuld.

Dieser Weg führt zum Singen, zum Jubeln über Gott, mitten im Alltag, mitten in der Anspannung oder in der Langeweile.

83

Andacht zum Mitnehmen 06 / 2021

Beten zwischen Himmel und Erde

Das Persönlichste zwischen Mensch und Gott ist das Gebet. Erfahrungen mit dem Beten finden sich in der ganzen Bibel, vom Anfang bis zum Ende. Das gilt auch für die Bücher, die nicht in allen Kirchen anerkannt sind, aber in manchen Kirchen zur Bibel gehören. Das sind die sogenannten „Apokryphen", Bücher, die erst wenige Jahrzehnte vor Christus geschrieben worden sind. Martin Luther bezeichnete sie als „nützlich zu lesen". Darum ist das Buch Jesus Sirach neben einigen anderen apokryphen Büchern in der Lutherbibel 2017 zu finden. Dieses Buch gehört zur jüdischen Weisheitsliteratur, in einer Reihe mit dem Buch der Sprüche und den Klageliedern.

Ben Sira hat dieses Buch gegen Ende des zweiten Jahrhunderts vor Christus in Jerusalem auf Hebräisch geschrieben. Sein Enkel hat es später in Ägypten ins Griechische übersetzt. Heute liegt es nur in griechisch komplett vor.

Ben Sira selbst stand in einer Reihe von Weisheitslehrern, die die von Gott gesetzte Ordnung in der Schöpfung suchten. Sie lehrten, wie Menschen nach dieser Ordnung leben können, dass das Leben gelingt und Gott gefällt. Dabei war der Blick auf Gott ebenso wichtig wie der Blick auf die Mitmenschen.

So lässt sich auch der Alltag beschreiben: als solche, die sich zu Jesus halten, stehen wir mit beiden Beinen auf dieser Erde, und bringen unseren Dank und unsere Bitten vor Gott. Wir hoffen auf sein Eingreifen, und sei es, dass wir durch unser Gebet lernen, unsere Situation neu zu sehen.

Vor vielen Jahren haben wir uns im Jugendkreis am Karsamstagabend getroffen – Osterfeuer gab es dort immer am Ostersonntag. Einmal haben wir die Berichte der Evangelien für den Karsamstag gelesen. Von der Kreuzigung Jesu herkommend - mit der Hoffnung auf die Auferstehung Jesu. Das eine ist vergangen und das andere ist noch nicht geschehen. Sozusagen ein Zwischenzustand.

So leben wir seit Jesus: auf dieser Erde mit allen Herausforderungen, mit der Endlichkeit des Lebens, und in der Hoffnung auf die neue Welt Gottes.

Wir leben, indem wir beten. Wir bringen unser Leben vor Gott. Nicht unbedingt gut formuliert, nicht unbedingt abgelesen oder auswendig gelernt. Das auswendig Gelernte hilft uns zu beten, wenn das Leben plötzlich ins Wanken gerät.

Das sind außergewöhnliche Situationen. Im Gottesdienst geht es meistens ruhig zu. Ich benutze als Pastor Vorlagen, habe sie verändert oder neu formuliert. Hin und wieder bete ich auch völlig frei, vor allem zu Beginn des Gottesdienstes. Allerdings habe ich eine gewisse Scheu, mein persönliches Gebet im Gottesdienst auszubreiten. Ich will mit dem Beten keine Show veranstalten, nicht „vorbeten".

In Südafrika habe ich in Gottesdiensten erlebt, wie Frauen und Männer aus der Gemeinde einfach aufgestanden sind und laut gebetet haben. Ein Lobgebet, ein Dankgebet, manchmal aber auch eine Bitte mit Flehen, also stärkster innerer Beteiligung. Da war das Beten keine Aufgabe für Pastoren oder Pastorinnen, sondern für alle anderen.

Gott hört Gebet, egal, wie gut wir es formulieren. Wichtig ist, dass wir es ernst meinen, mit unserem Leben dahinter stehen.

Gott hört Gebet. Im Buch Sirach steht: *„Er verachtet das Flehen der Waisen nicht noch die Witwe, wenn sie ihre Klage erhebt...*

Wer Gott dient, den nimmt er mit Wohlgefallen an, und sein Gebet reicht bis in die Wolken." (Jesus Sirach 35, 16-22a)

Beten kann auch wie ein Rufen aus der Tiefe sein. Wie beim Propheten Daniel: *„Wir liegen vor dir mit unserem Gebet und vertrauen nicht auf unsere Gerechtigkeit, sondern auf deine große Barmherzigkeit."*

Oder in Psalm 50, 15: *„Rufe mich an in der Not, so will ich dich retten und du sollst mich preisen."*

Gott ist zu uns gekommen, damit wir zu ihm kommen können. Er hört unser Beten, auch wenn der Eindruck entstehen kann, als ginge das Gebet nur bis zur Zimmerdecke.

Ist Gott nicht überall, nicht nur über der Zimmerdecke oder über den Wolken?

Wir leben in der Spannung zwischen dem Leben hier auf der Erde und der Hoffnung auf Gottes neue Schöpfung.

So wie jetzt alle auf ein Ende der Pandemie hoffen oder zumindest auf ein Ende der massiven Einschränkungen und wir einander wieder ohne Abstand begegnen können.

Wir können Gott um Kraft und Zuversicht für die kommende Zeit bitten, um nicht müde zu werden oder gleichgültig. Gott will doch, dass wir leben, auch in dieser Zeit!

Eine Geschichte vom Beten

Ein Viehhirte wusste nicht, wie er beten sollte. Also betete er: „Herr der Welt, offen und bekannt ist dir: Wenn du Vieh hättest und du gäbst es mir zum Hüten, so würde ich es für dich umsonst hüten."

Eines Tages kam ein Theologe vorbei, hörte das Gebet des Hirten und sagte ihm: „So kannst du doch nicht beten." Und er lehrte ihn die wichtigsten Gebete.

Im Traum befahl Gott dem Theologen, den Hirten zu besuchen. Und der Theologe ging hin und fragte den Hirten: „Was betest du nun?" und er antwortete: „Nichts. Was du mich gelehrt hast, das habe ich vergessen. Und mein Gebet hast du mir verboten."

Der Hirte betete wieder mit seinen eigenen Worten und lobte Gott in seiner Sprache und mit seinem Leben.

Quelle: unbekannt

Andacht zum Mitnehmen 07/2021

Im Himmel und auf Erden

Als der damalige sowjetische Staatschef Leonid Breschnew 1977 die Bundesrepublik Deutschland besuchte, war gerade Christi Himmelfahrt. Der Kommentator im Sowjetischen Fernsehen hatte Schwierigkeiten, den Namen des Feiertages zu übersetzen. Er nannte diesen Tag „Tag der Luftwaffe".

Mit diesem Tag sind manche Missverständnisse verbunden. Als sei Gott „oben im Himmel".

Dabei geht es weniger um irgendein Himmelsphänomen, sondern um die Frage, wer Macht hat.

Im Vaterunser lautet die zweite Bitte: *„Dein Reich komme."* und am Ende *„denn dein ist das Reich und die Kraft und die Herrlichkeit in Ewigkeit."*

Ist das so? Hat Gott die Macht über alles? Oder wird das nur in den christlichen Kirchen behauptet, gegen alle Erfahrung?

Es sieht doch eher so aus, als habe Gott sich zurück gezogen vom Weltgeschehen. Beispiele, die Zweifel an Gottes Macht wecken, gibt es genug. Nicht erst in dieser Zeit, in der ein kleines Virus das Weltgeschehen dominiert.

Wer hat die Macht in unserem Land? Die gewählten Regierungen auf Landes- und Bundesebene? Oder Medien? Oder Konzerne?

Davon, dass Gott alle Macht hat, hören wir nicht in den Nachrichten. Alle Machthaber sind dem Auferstanden unterstellt? Davon können wir nichts sehen oder merken.

Viele Jahrhunderte lang waren Grundeigentümer die Herrschenden, die Bewohner ihre Leibeigenen.

In der frühen Christenheit herrschten die Römer im Mittelmeerraum. Der römische Staat war von seinem Grundverständnis her in Religionsfragen tolerant. Trotzdem haben manche hohe römische Beamte Christen und Juden benachteiligt, sie sogar verfolgt. Unter Nero kam es dann zu umfassenderen Verfolgungen. Die Christinnen und Christen erlebten staatliche Macht unterschiedlich.

Im vorgeschlagenen Text für Christi Himmelfahrt 2021 heißt es: *„Er (Gott) hat seine Kraft an Christus wirksam werden lassen … und eingesetzt hat zu seiner Rechten im Himmel über alle Herrschaften und Mächte..."* (Epheser 1, 20+21a)

Gegen allen Augenschein haben Christinnen und Christen geglaubt, dass es Gott ist, der hinter aller menschlichen Macht die Fäden zusammenhält. Diese Macht hat er dem auferstandenen Jesus gegeben. Nur der ist der Herr über Leben und Tod. Sterben müssen alle, auch die Mächtigen und Einflussreichen. Darum ist deren Macht begrenzt.

Gott hat den toten Jesus auferweckt. Jesus als der Auferstandene ist der Anfang der neuen Schöpfung Gottes.

Hier hat Gott seine Macht gezeigt. Er steht für das Leben, nicht für Zerstörung und Tod. Gottes Macht ist anders als menschliche Macht. Gott setzt sich nicht mit Gewalt durch, auch wenn er es tun könnte. Aber er wirkt im Stillen und Verborgenen, mit Liebe und Barmherzigkeit, aber nicht mit roher Gewalt.

Darum sind diese Worte für die frühen Christen ein Trost und eine Ermutigung, eine Erinnerung daran, wer wirklich die Fäden in Händen hält, wer hinter den Kulissen wirkt.

Am letzten Sonntag wurde an die Geburt von Sophie Scholl vor 100 Jahren erinnert. Es gab Beiträge in den Medien, vor allem zu ihrem Widerstand gegen Adolf Hitler. Der christliche Glaube war für sie Lebensgrundlage. Sie schrieb, dass Jesus Christus für sie das Rettungsseil sei, das Gott ihr zugeworfen habe. Daran klammere sie sich, um nicht im Angstmeer zu versinken. In der Gestapo-Haft 1943 in Ulm spürte sie Gottes Nähe und Kraft, als sie die Glocken des Ulmer Münsters hören konnte. Für sie öffnete sich dadurch der Himmel. So beschrieb sie ihre Hoffnung

Der Schreiber des Epheserbriefes, er schreibt im Namen von Paulus, erinnert daran: was euch auch bedrängt und bedroht, ihr seid in den Händen des Auferstandenen. Er sorgt für euch. Er hat euch nicht verlassen, ihr seid nicht allein.

Der Auferstandene ist der Herr aller Christinnen und Christen. Er ist der Herr der Gemeinde, derer, die Gott zu sich gerufen hat.

Wenn Jesus der Herr, oder wie es hier heißt, das Haupt der Gemeinde ist, dann wird deutlich: christliche Gemeinde ist mehr als ein Zweckverein. Da spielt es kaum eine Rolle, ob wir unter Gemeinde eine sichtbare oder eine unsichtbare Gemeinde verstehen, alle, die sich zu Jesus halten.

Wo Jesus der Herr ist, muss am Ende alle andere Macht zurücktreten. Das gilt für jeden Staat, für jede Ideologie, auch für die Pandemie. Christi Himmelfahrt erinnert daran, dass Er die Macht hat, allem Augenschein zum Trotz.

Andacht zum Mitnehmen 08 / 2021

Von Gottes Geist beschenkt

Auch wenn die Temperaturen erst allmählich steigen, die Büsche und Bäume sind grün. Es zieht wieder nach draußen. Spaziergehen, Radfahren. Die Schöpfung können wir wieder bestaunen. Wir können den Schöpfer loben. Aber wie ist das mit Pfingsten, mit dem Fest, das uns alle an den Heiligen Geist erinnern soll? Welche Rolle soll Gottes Geist spielen?

Was der Apostel Paulus in seinem ersten Brief an die Christen in Korinth schreibt, weist auf eine andere Wirklichkeit hin. (1. Korinther 12, 4-11)

Er schreibt von vielen Gaben des Geistes und verschiedenen Aufgaben in der Gemeinde. Sie alle sind verschieden, aber sie gehören zusammen, sie sind Geschenk des Heiliges Geistes.

Und das ist eine andere Dimension als die, in der wir leben, mit der wir täglich umgehen. Wir setzen uns mit der Corona-Situation auseinander, schauen, wieviel Geld für Projekte in der Gemeindearbeit da ist. Wir planen und arbeiten. Das alles ist wichtig und nötig. Aber ist nicht diese Frage mindestens ebenso wichtig: Wo kann Gottes Geist wirken?

Paulus geht davon aus, dass jede Christin, jeder Christ mindestens eine Gabe hat. Die Gaben sind unterschiedlich, aber gleich wichtig, und sie sind Gottes Geschenk.

Paulus benutzt dafür einen Begriff, der sich mit „Gnadengabe" übersetzen lässt: „Charisma". Die Betonung liegt auf einer engen Verbindung mit Gott. Die Gabe ist ein Geschenk Gottes, sie ist keine gelernte Fähigkeit und nichts Gekauftes.

Natürliche Begabungen wurden in der frühen Christenheit niedriger bewertet wie Musikalität, Kreativität und andere Begabungen.

Paulus nennt in diesem Abschnitt eine ganze Reihe von Gaben: Prophetie, Weisheitsrede, Erkenntnis, Glaube, Bewirken von Wundern, Sprachenrede und Auslegung von Sprachenrede.

Wir kennen noch andere Gaben: Musik, technisches Verständnis, Kreativität,

Pädagogik, guter Umgang mit älteren Menschen, mit Kindern, mit Jugendlichen, mit Erwachsenen. Diese Gaben sind auch Geschenk, wenn auch nicht mit dem Glauben verbunden als Gabe des Heiligen Geistes.

Auf jeden Fall ist eines klar: Gaben wie Begabungen sind unterschiedlich verteilt. Jede, jeder von uns hat unterschiedliche Gaben. Manche vielleicht auch mehrere .

Und im Blick auf die Gaben des Geistes gilt: keine Gabe ist wichtiger als eine andere. Manchmal erscheint das ja so. Manche können beispielsweise ganz tolle Pressemeldungen schreiben, und das sehr schnell. Andere quälen sich damit ab und suchen lange nach passenden Worten.

Gott hat uns begabt, damit wir die Gaben füreinander einsetzen. Die Gaben zusammen ergänzen sich.

Einige der Gaben, die Paulus hier erwähnt, sind uns heute eher fremd. Damals waren sie wichtig: beispielsweise prophetisch reden und beten (reden) in fremden Sprachen.

Geblieben ist: die Gaben, die Paulus nennt, sind Gaben des Geistes Gottes, sie sind Gottes Geschenk. Wir können nicht über sie verfügen oder sie machen. Ebensowenig wie wir über den Heiligen Geist verfügen können, wir können nur darum bitten, dass er uns immer wieder neu erfüllt und uns mit Gott verbindet.

Halten wir fest: mit den unterschiedlichen Gaben sind wir eins in einem Geist, in dem einen Gott, in dem einen Herrn Jesus.

Die Frage, die noch offen ist: wer hat denn welche Gabe? Begabungen können andere an uns erkennen. Darauf wurde schon in der Grundschulzeit geachtet. Aber Gaben des Geistes?

Sie zeigen sich darin, wie wir Aufgaben in der Gemeinde wahrnehmen, was gelingt, gut von der Hand geht. Dazu ist heute beispielsweise Seelsorge zu zählen, ein aufmerksamer und mitfühlender Umgang mit anderen Menschen. Oder die Leitung eines Gemeindekreises oder die Musikalität nicht nur zur eigenen Freude, sondern nicht zuletzt um Gott zu loben.

Die Gaben des Heiligen Geistes sind ein weites Feld, sie zu entdecken und auszuprobieren. Das gilt besonders in dieser Zeit, in der es immer wieder darum geht, was möglich ist und unter welchen Bedingungen.

Und die Frage ist, wie es nach einem Ende der Pandemie oder einem dauerhaften Nachlassen der Infektionen werden wird: wie kann der Gottesdienst wieder anziehend werden? Welche Gruppen und Kreise starten neu und bleiben wichtig? Was entsteht neu?

Pfingsten öffnet uns Gottes Dimension, fremd und ganz anders. De Geist Gottes wirkt nicht mit Gewalt und Macht, sondern von innen her. Er will Menschen erfüllen und mit Gott in Verbindung bringen. Wir können ihn nur um sein Wirken bitten, dass Gaben sichtbar werden und wir sie einsetzen können.

Andacht zum Mitnehmen 09/2021 Pfingsten

Wie neu geboren

Jede Geburt ist ein Wunder. Ein kleiner Mensch kommt unter Schmerzen der Mutter zur Welt. Wie die Entbindung auch immer geschieht, das kleine Kind, das Baby ist ein Wunder.

Jesus nimmt das Bild von der Geburt, um den Zugang zu Gott zu beschreiben (Johannes 3, 1-8).

Nikodemus, einer der Einflussreichen in Jerusalem, er gehört den Pharisäern an, ging zu Jesus als es dunkel war. Viele vermuten, dass Nikodemus sich das im Blick auf seinen Ruf nicht leisten konnte, am Tag mit Jesus zu reden.

Vielleicht war es auch so: Nikodemus war es gewohnt, die Ruhe der Nacht für das Studium der Schriften zu nutzen. Volle Konzentration war vor allem im Dunkel der Nach möglich. Und das kam einem intensiven Gespräch entgegen.

Nikodemus begann: *„Rabbi, wir wissen, dass du ein Lehrer bist, der von Gott gekommen ist.“*

Das war keine höfliche Anrede, sondern schon ein kleines Bekenntnis. Denn eigentlich stimmten diese Worte ja nicht. Jesus war kein ausgebildeter Rabbi. Und die zweite Aussage wurde von seinen Gegnern bestritten: *„der von Gott gekommen ist.“*

Und Jesus? Er hob nicht den Daumen, er setzte kein Like. Er rief auch nicht „Halleluja!“.

Er antwortete auf seine Weise: *„Wahrlich, wahrlich, ich sage dir, wenn nicht einer von neuem geboren wird, kann er das Reich Gottes nicht sehen.“*

Jesus wies das Bekenntnis zwar nicht zurück. Aber das genügte ihm nicht. Es genügt nicht, viel über Gott zu wissen. Es genügt nicht, ihn für wahr zu halten. Es genügt auch nicht, das eigene Leben an Gott zu orientieren. Alles das genügt nicht.

Von uns Menschen aus führt kein Weg zu Gott, oder wie Jesus hier sagt, zum Reich Gottes.

Das gilt nicht nur für den Anfang des Glaubens. Das gilt für den ganzen Weg des Glaubens bis an unser eigenes Ende.

Ich kann es auch anders sagen: Wir haben unseren Glauben nicht im Griff.

„Wenn nicht einer von neuem geboren wird, kann er das Reich Gottes nicht sehen."

Nikodemus wusste, dass kein Mensch ein zweites Mal geboren werden kann. Er verstand nicht, was Jesus mit der neuen Geburt meinte. Und Jesus spitzte seine Aussage zu: „Wenn nicht einer geboren wird aus Wasser und Geist, kann er nicht in das Reich Gottes kommen"

Solange wir selbst uns um unseren Glauben und um unsere Frömmigkeit bemühen, kommen wir nicht einmal in die Nähe des Reiches Gottes. So wie wir nicht über die Geburt eines Menschen verfügen können, so können wir auch nicht über Gott verfügen.

Wenn ein Mensch einen Zugang zu Gott findet, dann ist das ein Wunder wie eine Geburt. Und dafür ist Gott selbst zuständig. Er bewirkt in Menschen einen neuen Anfang, ein neues Leben. Der Glaube ist etwas so Neues wie das Leben eines Neugeborenen.

Dieses neue Leben ist zuerst ganz klein und wächst mit der Zeit, an Erfahrung, an Glauben, an Frömmigkeit. Aber anders als die Pharisäer lebten, anders als die Frömmigkeit, in die jede Frömmigkeit abgleiten kann. Aus dem Geschenk des Glaubens kann unversehens die eigene Aktion werden.

Im Glauben wachsen wir langsam zu Erwachsenen heran. Aber im Vertrauen auf Gott bleiben wir Kinder, die nichts anderes können als Gott zu bitten. Auch Erwachsene im Glauben haben nichts von Gott oder vom Glauben im Griff. Sie können ihren Glauben nicht voranbringen. Sie können die innere Wüste nicht zu einer Oase machen oder gar zum Paradies.

Das unterstreicht Jesus mit seiner Bemerkung: *„Der Wind weht, wo er will."* Und er bezieht diese Worte auf den Geist Gottes.

Wie Gott wirkt, das müssen wir ihm überlassen. Das macht Jesus mit dem Bild vom Wind deutlich. Er meint damit den Geist Gottes. Wir können ihn um sein Wirken bitten, um die neue Geburt. Darum, dass wir offen werden für sein Wirken.

Das ist besonders dann wichtig, wenn der eigene Glaube müde geworden ist. Da gab es vor etlichen Jahren diesen neuen Anfang, wie eine neue Geburt. Der Glaube war frisch, es war leicht, das eigene Leben an Gott zu orientieren. Aber mit den Jahren hat die Freude abgenommen, das Leben wurde mühsamer, die Entscheidungen schwieriger.

Wir haben unseren Glauben nicht in der Hand, wir können nur Gott darum bitten, das er uns für sich und sein Wirken öffnet.

Wir nehmen uns Zeit für Gott, auf einem Spaziergang oder irgendwo in der Stille. Ihm können wir im Gebet alles sagen, was uns beschäftigt: Ängste, Sorgen, Mutlosigkeit, aber auch Freude und Dank.

Gott schenkt neue Kraft, neuen Glauben. Unser Leben will er weiter verändern.

Andacht zum Mitnehmen 10 / 2021

Weg durch Ungewissheiten

In bestimmten Situationen haben wir bestimmte Erwartungen. In einem Fußballspiel erwarten wir, dass der Fußball im Tor landet. Das kommt allerdings nicht in jedem Spiel vor. Bei einer kirchlichen Trauung erwarten wir ein „Ja, mit Gottes Hilfe". In der Kirche erwarten wir das „Amen". Und wenn ein Prophet einen Auftrag von Gott bekommt, erwarten wir, dass er losgeht und Gottes Botschaft weitergibt.

Nicht so beim Propheten Jona. Sie werden die Geschichte von Jona schon mal gehört haben. Das ist die mit Jona und dem Wal. *(Jona Kapitel 1 + 2, 2-11)*

Jona verweigert sich Gott. Er soll nach Ninive gehen, in die große Stadt im Reich der Assyrer, damals Feindesland aus jüdischer Sicht. Jona soll im Auftrag Gottes zum Feind gehen? Wie konnte Gott ihm einen solchen Auftrag zumuten?

Jona flüchtet, erst einmal ans Mittelmeer. Auf einem Schiff will er an das damals bekannte Ende der Welt fahren, an die Südspitze Spaniens. Obwohl er wissen musste, dass er vor Gott nicht fliehen konnte. Aber so wäre er von seinem Auftragsort, Ninive, maximal entfernt.

Doch dazu kommt es nicht. Ein Sturm kommt auf, die Seeleute werfen Ballast vom Schiff, damit das Schiff nicht untergeht. Und sie beten. Und Jona? Er liegt im Laderaum des Schiffes und schläft. Er tut so, als ginge ihn die Lage gar nichts an.

Jona, der sich weigert, in einer heidnischen Stadt Gottes Botschaft weiterzugeben, wird vom Kapitän, der ein Heide ist, aufgefordert zu beten!

Jona klärt die Seeleute über seine Flucht vor dem lebendigen Gott auf. Und er redet von diesem Gott. Und schließlich ist er bereit, ins Meer geworfen zu werden. Er sieht ein, dass das Schiff durch seine Schuld in diese schwierige Lage gekommen ist.

Jonas Bereitschaft, sich ins Meer werfen zu lassen und zu sterben, führt die Seeleute dazu, dass sie ihn zuerst nicht von Bord werfen wollen. Sie beten, aber nun zum lebendigen Gott. Sie wollen nicht schuld sein am Tod von Jona. Sie werfen ihn ins Meer. Aber Jona ertrinkt nicht. Er wird aufgefangen und von einem großen Fisch verschluckt. Er bekommt Zeit zum Nachdenken und zum Beten. Nach drei Tagen ist er wieder an Land. Glücklich gerettet und verändert.

Jona verhält sich wie ein ungehorsames Kind, das seinen eigenen Weg geht. Dieser Weg führt ihn und andere beinahe in die Katastrophe – und dann doch Rettung. Und alles geht wieder auf Anfang.

Bei Jona ist es noch viel mehr. Er lernte an seinem tiefsten Punkt, in seiner tiefsten Erfahrung: „Bei Gott ist Rettung!" Er war vor Gottes Barmherzigkeit geflohen. Und dann musste er erkennen, wie sehr er auf Gottes Barmherzigkeit angewiesen war.

Mancher hat das erlebt, wie Gott im tiefen Tal geholfen hat. In ungewisser dunkler Zeit, in der der weitere Weg nicht einmal zu ahnen war: Gott hat geholfen.

An dieser Stelle fällt vielen der Psalm 23 ein: *„Und wenn ich wanderte im finstern Tal, fürchte ich kein Unglück, denn du bist bei mir, dein Stecken und Stab trösten mich."*

Dazu denke ich dann wie von selbst an das KFS (Konfirmanden-Ferien-Seminar) in Österreich, an die Wanderung durch eine bestimmte Klamm, in deren Verlauf alle sich den Psalm 23 einprägen. Die Wanderung durch der Klamm ist geprägt durch das überlaute Rauschen des Wassers und durch Wassernebel. Es gibt Stellen, an denen die Felswände nicht viel Raum für den Weg lassen, auch Strecken mit wenig Licht und Unebenheiten. Alle müssen genauer auf ihre Schritte achten. Die Klamm ist auf manchen Strecken ein dunkles Tal, eine wichtige Erfahrung für das ganze Leben.

Jona konnte sich nicht vorstellen, dass Gottes Barmherzigkeit sogar größer ist als aller Glaube. Gott ist barmherziger als wir Menschen denken. Im Bauch des Fisches muss Jona erkennen, dass ihm nichts bleibt als Hoffen auf Gottes Rettung, Hoffen auf Gottes Barmherzigkeit. Und Gott beschenkt ihn mit

Barmherzigkeit, obwohl Jona so bockig war und im Grund von Gott nichts wissen wollte. Jesus hat sich auf das „Zeichen des Jona" bezogen, auf seine drei Tage im Bauch des Fisches und auf die anschließende Rettung

Diese Geschichte ist der erste Teil der Geschichte von Jona. Es folgt die Geschichte, wie Jona nach Ninive geht. Wie er den Bewohnern Gottes Gericht ankündigt und auf Gottes Gericht wartet. Doch die Bewohner wenden sich an Gott. Jona kann das nicht verstehen, dass Gott sein Gericht nun ausfallen lässt, weil er barmherzig ist.

Aber das ist eine weitere Geschichte. Es lohnt sich, alle vier Kapitel des Buches Jona zu lesen.

Seit dem Frühjahr letzten Jahres haben wir lernen müssen, dass wir nichts mehr wirklich planen können. Die Pandemie setzt unserem Planen enge Grenzen, stellt sie infrage. Wir müssen lernen, dass nicht unser Denken und Planen im Vordergrund steht, sondern Gottes Wirken, sein Retten und seine Barmherzigkeit.

Andacht zum Mitnehmen 11 / 2021

Eingeladen

Flatrates gibt es überall: ich bezahle einen festen Betrag und kann dann ohne Beschränkung die Leistung nutzen, die ich bezahlt habe. Keine Abrechnung nach Zeit oder Kosten. Es ist alles drin enthalten.

Gibt es soetwas auch bei Gott? Ja und nein. Kaufen können wir uns bei Gott nichts. Aber er gibt ohne Begrenzung, soviel wir brauchen. Im Grunde ist das mit dem Glauben auch eine Art Flatrate.

Im Buch des Propheten Jesaja lesen wir eine Einladung zu einer besonderen Flatrate:

„Wohlan, alle, die ihr durstig seid, kommt her zum Wasser! Und die ihr kein Geld habt,

kommt her, kauft und esst!" (Jesaja 55, 1-3b)

 Macht Gott sich mit dieser Einladung nicht lächerlich? Er ruft seinem Volk zu wie ein orientalischer Wasserverkäufer. Er bietet sich an, ruft Menschen zusammen. Sie sollen das kaufen, was lebensnotwendig ist: Wasser und Brot. Und das, was das Leben angenehmer macht, Wein und Milch. Das Besondere: es ist alles umsonst. Sie sollen kaufen, aber ohne Geld zu bezahlen. Das, was Gott für sein Volk hat, lässt sich nicht bezahlen. Und die Leute haben auch nichts, womit sie bezahlen könnten.

Denn sie sind arm, sind gerade aus der Verbannung in Babylon zurück nach Palästina gekommen, in die Heimat ihrer Vorfahren. Mühsam war der Aufbau. Alles war zerstört, lag am Boden. Niemand hatte sich in den zurückliegenden Jahrzehnten um die Weinberge gekümmert, um die Äcker und Olivenhaine. Die meisten Häuser waren ohnehin zerstört, nur wenige waren bewohnt. Es waren nur wenige Menschen zurückgeblieben.

Sie mussten lernen, dass es im Wiederaufbau nicht nur um materielle Werte ging. Sie mussten auch Gott neu in den Blick nehmen, neu entdecken. Gott als die Grundlage und den Halt im Leben.

Jetzt, Mitte Juni 2021 ist beinahe so etwas wie Normalität in unserem Land und den Nachbarländern zurückgekehrt. Urlaub ist wieder möglich, die Impfungen sind weit fortgeschritten. Nur der Mindestabstand und die Maskenpflicht erinnern uns an Covid-19. Die sieben-Tage-Inzidenz ist sehr gering. Wird es so bleiben? Wird es spätestens im Herbst wieder schwieriger werden? Eine gesunde Skepsis ist wohl angebracht im Blick auf die Lockerungen.

Können wir nun endlich wieder das Leben genießen nach aller Arbeit, nach den monatelangen Einschränkungen?

Ist das Leben nicht mehr als Arbeit und Freizeit, als Pflicht und Genuss? Brauchen wir nicht einen Halt im Leben, der uns hält, wenn wir in Strudel geraten, wenn der Boden unter uns wegbricht?

So deutlich und eindringlich lädt Gott nur an wenigen Stellen der Bibel ein. Es ist schon eine Nötigung: *„Kommt her zum Wasser, kommt her, kauft und esst! Kommt her und kauft ohne Geld!"*

Gott fordert auf, er macht sich bemerkbar, und zwar sehr deutlich. Nicht so leise wie normalerweise. Diese Einladung soll niemand überhören, auf keinen Fall!

Wir wissen auch: Wer Durst hat, kann nicht einfach weitermachen, als wäre nichts geschehen. Wer Durst hat, muss den Durst stillen. Bei Durst ist Trinken angesagt. Wer Durst hat, muss trinken.

Dafür müssen wir etwas tun, arbeiten, uns abmühen. Und natürlich auch einkaufen. Ohne Anstrengung kann kein Durst gelöscht werden.

Das gilt auch in Fragen des Glaubens: Gott beschenkt uns reichlich, er gibt mehr als wir nötig haben. Aber er schüttet uns damit nicht zu, er tut nicht zuviel, wir werden keine passiven Hilfeempfänger. Gott möchte uns aktiv sehen, aktiv für andere und für ihn. Wir sollen ihn suchen und nicht einfach immer nur auf ihn warten.

Ohne Geld kaufen, das funktioniert nicht. Gemeint ist es etwas anders: hingehen und abholen. Wir müssen uns schon zu Gott bemühen, uns für ihn öffnen. Das überfordert niemanden, sondern macht uns menschlich.

Wir müssen uns zu Gott hin aufmachen, wir müssen ihn suchen. Damit werden wir offen für ihn und seine Gegenwart.

Gott beschenkt uns gern, und er wartet auf uns, dass wir kommen. Er wartet auf unseren Hunger, auf unseren Durst.

Diesen Durst spüren wir vor allem dann, wenn wir zur Ruhe kommen, im Urlaub und in der Kur, aber auch im Krankenhaus. Wenn endlich einmal Zeit da ist. Ob ungeplant oder lange ersehnt. *„Unser Herz ist unruhig, bis es Ruhe findet in Dir, Gott."* So hat Kirchenvater Augustin die Sehnsucht nach Gott beschrieben.

Gott möchte unsere Sehnsucht stillen. Er wirbt um uns: *„Höret, so werdet ihr leben!"*

Andacht zum Mitnehmen 12 / 2021

Andacht aus Anlass der Flutkatastrophe in Nordrhein-Westfalen und Rheinland-Pfalz 23.7.2021

Einstimmung
Eine Kerze wird entzündet.
Alle halten einen Moment Stille.

Begrüßung

Einer	In unserer Not
	in allem Elend
	in der Zerstörung
Alle	vertrauen wir auf Dich,
	Gott.

Einer	In unserer Ohnmacht
	in aller Mutlosigkeit
	in der Erschöpfung
Alle	stehst Du uns bei,
	Christus.
Einer	In unserem Schmerz
	in aller Trauer
	in der Verzweiflung
Alle	tröstest du uns,
	heiliger Geist.

Lied
Ach bleib mit deiner Gnade (EG 347, 1+2)

Aus Psalm 71 (EG 732, Niedersachsen) im Wechsel
Jesaja 43, 1-3a

Und nun spricht der HERR, der dich geschaffen hat, Jakob, und dich gemacht hat, Israel: Fürchte dich nicht, denn ich habe dich erlöst; ich habe dich bei deinem Namen gerufen; du bist mein!
Wenn du durch Wasser gehst, will ich bei dir sein, und wenn du durch Ströme gehst, sollen sie dich nicht ersäufen.
Denn ich bin der HERR, dein Gott, der Heilige Israels, dein Heiland.

Bilder von diesem Hochwasser haben sich eingeprägt. Mehr als 170 Menschen haben ihr Leben verloren, darunter sechs Feuerwehrleute. Tausende Häuser sind zerstört, viele gar nicht mehr da. Brücken und Straßen sind nicht mehr befahrbar. Die materiellen Schäden können bisher nur grob geschätzt werden. Das Hochwasser ist die bis jetzt größte Naturkatastrophe in unserem Land.

Und doch: eine unglaubliche Solidarität hat unser Land erfasst. Betroffene sind überrascht und dankbar für die Hilfe durch völlig unbekannte Menschen. Neben der praktischen Hilfe ist die Seelsorge wichtig. So waren in den letzten Tagen viele Notfallseelsorger bei den Betroffenen. Andere haben mitgeholfen, wenn Leichen zu bergen waren. Vor allem aber geht es darum, zuzuhören,was die Betroffenen zu erzählen haben und ihnen Mut zu machen für den Wiederaufbau.

Wenn ich an die Bilder aus dem Ahrtal, aus Euskirchen und anderen Orten denke, kommen mir dazu Worte aus der Bibel in den Sinn (aus der alttestamentlichen Lesung für die Woche der Katastrophe!):

„Wenn du durch Wasser gehst, will ich bei dir sein, und wenn du durch Ströme gehst, sollen sie dich nicht ersäufen. Denn ich bin der HERR, dein Gott, der Heilige Israels, dein Heiland." (Jesaja 43, 2+3a). Das ist krass!

Diese Worte an das Volk Israel betonen Gottes Nähe in der Bedrohung des Lebens. Beinahe zu starke Worte. Denn Gott bewahrt nicht immer vor Unglück, aber er verspricht seine Nähe. Das gilt auch im größten Chaos, in dieser extremen Lebensbedrohung, in der auch einige Helferinnen und Helfer ihr Leben gelassen haben. Auf Gott können wir bauen, diejenigen, die schwer betroffen sind, die alles verloren haben, und auch diejenigen, die helfen und unterstützen. Weil Gott seine Nähe zusagt, ist Zuhören möglich, Wahrnehmen von zerstörtem Leben und von ungewissen Schicksalen.

Weil Gott auch in der Krise da ist, haben in vielen Kirchen unseres Landes am 23. Juli die Glocken zum Gedenken an die Betroffenen der Hochwasserkatastrophe geläutet. Gott steht uns Menschen bei, auch in der tiefsten Krise.

Stille

Gebet

Einer   Gott,

wir tragen vor Dich

alle, die vom Hochwasser betroffen sind

Lebensentwürfe sind zerstört.

Hoffnungen sind begraben.

Leben sind in Frage gestellt.

Gott,

wir bitten Dich für diese Männer und Frauen und Kinder.

Sei du ihr Beistand

und gib ihnen Halt.

Alle   *Herr, erbarme dich*

Einer   Gott,

wir tragen vor Dich

die Helferinnen und Helfer der Einsatzkräfte

und alle, die freiwillig anpacken und helfen.

Sie holen Menschen aus eingeschlossenen Häusern.

Sie versorgen sie mit Nahrung und Kleidung.

Sie sichern Dämme und räumen auf.

Gott,

wir bitten Dich für diese Männer und Frauen:

Verleih ihnen Kraft

und schenke ihnen Momente der Erholung.

Alle   *Herr, erbarme dich.*

Einer   Gott,

       wir tragen vor Dich

       die Seelsorgerinnen und Seelsorger

       von der Notfallseelsorge und aus den Gemeinden,

       in den Krankenhäusern und bei der Polizei.

       Sie hören zu und fühlen mit.

       Sie erfahren von unfassbaren Schicksalen.

       Sie halten aus, was kaum auszuhalten ist.

       Gott,

       wir bitten Dich für diese Männer und Frauen:

       Stärke sie

       und sei ihnen Schutz und Schild.

Alle   *Herr, erbarme dich*

Einer   Gott,

       wir tragen vor dich uns selbst

       mit dem, was uns hier und jetzt bewegt.

       Schau in unser Herz

       und höre auf das, was wir dir in der Stille vortragen.

Beten in der Stille

Vater unser Segen

Lied

Bewahre uns Gott (EG 171, 1+2)

Er ist unser Friede

In Rot und Gelb leuchten uns die ersten Büsche und Bäume entgegen. Der Herbst kündigt sich an, seine schöne Seite mit der Laubfärbung. Allerdings bedeutet das auch, dass bald immer mehr Blätter zur Erde fallen. Die Zeichen der Vergänglichkeit des Lebens sind dann nicht mehr zu übersehen. Und damit rückt auch die Erinnerung an unsere Verstorbenen wieder nah, verstärkt durch die dunklen Tage.

In diesen Wochen geben Maler der Kirche einen neuen Innenanstrich. Für diese Arbeiten musste die Kirche ausgeräumt werden, auch die Tafeln mit den Namen der in den beiden Weltkriegen gefallenen oder vermissten Soldaten aus dem Ort. Beim Abnehmen dieser Tafeln rückte mir für einen Moment die brutale Gewalt des Krieges ins Bewusstsein. Vor allem junge Menschen sind in den Kriegen gestorben, das gilt für alle beteiligten Staaten. Seit den beiden Weltkriegen sind Jahrzehnte vergangen. Trotz der vielen Millionen Toten damals hat es weltweit immer wieder Kriege gegeben und es gibt weiterhin kriegerische Handlungen. Die Toten mahnen uns, dass Krieg als Handlungsmöglichkeit der Politik ausgeschlossen sein muss. Mehr als siebzig Jahre herrscht in unserem Land Frieden. Allerdings gab es mehrmals Bedrohungen, ein Krieg schien nahe.

Die Mahnung zum Frieden gründet nicht zuletzt im christlichen Glauben. Wer hat diese Worte noch nicht gehört oder gelesen: *„Selig sind die Friedfertigen, den sie werden Gottes Kinder heißen."* (Matthäus 5, 9 – Übersetzung nach Martin Luther)

Friede wird in der Bibel umfassender beschrieben wird als nur mit der Abwesenheit von kriegerischen Handlungen und Einsatz von Waffen. Friede ist Leben ohne Angst, ohne Mangel und ohne Bedrohung, ein vollkommen erfülltes Leben. Dieses Leben gründet auf dem Frieden, den Gott für uns Menschen hat. *„Er (Christus) ist unser Friede."* (Epheserbrief 2, 14). Dieser Friede kann Unterschiede überbrücken, Spannungen ausgleichen und Hoffnung geben. Denn dieser Friede gilt allen in gleichem Maß, er macht keine Unterschiede.

Das Leuchten der verfärbten Blätter erinnert uns so an die Vergänglichkeit und wird zu einer   Mahnung und Einladung zum Frieden. Schauen Sie von diesen Herbstboten auf dem Frieden, der für das Leben entscheidend ist, auf Christus.

Oktober 2021 im Meer-Radio

Stürmische Zeiten

Hinter uns liegt in diesem Winter eine Reihe von Stürmen. Manche Schäden sind deutlich sichtbar. Geblieben sind die Eindrücke, die ein Sturm hinterlässt: die zunehmenden Böen, das Heulen in der Luft, das Knacken von Holz. Vor allem das Gefühl von ausgeliefert sein. Sicher, hinter einer Drei-Scheiben-Verglasung dürfte davon kaum noch etwas zu erleben gewesen sein.

Dem Sturm ausgeliefert, auf die nächste Böe warten: ist sie noch kräftiger als die vorige? Welche Schäden wird sie anrichten? Dachziegel abdecken, Bäume entwurzeln oder abknicken? Wann flaut der Sturm endlich ab?

In unserer Zeit können wir Stürmen nicht unbedingt schutzlos ausgeliefert. Das war in früheren Zeiten anders. Da konnte jeder Sturm zu einer Lebensbedrohung werden.

Tief eingeprägt hat sich mir ein Sturm am 13. November 1972. Schulunterricht war angesagt. Aus den Fenstern konnten wir umherfliegende Mülltonnen sehen, hörten, wenn eine Reihe von Dachziegeln herabfiel. Die Fensterscheiben bogen sich unter dem Druck des Sturms, zum Glück blieben alle heil. Aber der Schrecken ist unvergessen, trotz der Jahrzehnte.

Vor diesem Hintergrund der Stürme liest sich die Geschichte, wie Jesus einen Sturm gestillt hat, viel tiefgehender. Sturm auf dem See Genezareth. Die Jünger in einem Boot mitten auf dem See. Plötzlich bricht ein Sturm los, die Wellen werden immer höher, schlagen schließlich immer wieder ins Boot. Das Wasser im Boot steigt. Die Jünger wecken Jesus. Bestimmt nicht sanft, sondern mit Geschrei. Und Jesus macht den Sturm ruhig, auch die Wellen beruhigen sich. Und die Jünger staunen. Eben waren sie noch in Lebensgefahr, und mit einem Mal ist der Sturm vorbei: Jesus, wer bist du, wenn du den Sturm stillen kannst? Und Jesus kritisiert ihr mangelndes Vertrauen.

Da ist nicht nur die Frage. Wie ist das möglich? Sondern noch mehr: Wer ist Jesus? Wo ist unser Vertrauen auf Jesus?   (Zum Nachlesen im Neuen Testament, Matthäus 8 Vers 23 bis 27)

109

Im Februar 2022

Aliens und UFOs

Ist das nicht längst alles kalter Kaffee?

Teufel? Eher glauben Menschen an Aliens und UFOs.

Teufel, Schwefelgestank und Pferdefuß?

„Dazu ist erschienen der Sohn Gottes, dass er die Werke des Teufels zerstöre." 1. Johannesbrief 3, 8b

Dieser Sonntag ist der erste Sonntag der Passionszeit.

Damit rückt die dunkle Seite des menschlichen Lebens, um Leiden, Versuchungen, Folter, Schuld und Verbrechen wieder deutlicher hervor.

Wir reden nicht vom Teufel, aber vom doch Bösen. Weitgehend unabhängig von der politischen Einstellung. Menschenrechte sind keine Besonderheit des Westens. Ein Angriffskrieg ist immer böse.

Es erfordert immer Medienkritik, um möglichst objektive Informationen zu finden.

Aber wenn jetzt der Krieg in der Ukraine als Friedensmission verkauft wird und in Russland niemand anders darüber berichten darf, ist das mehr als extrem. Das ist Fake-News in Reinform, totale Umdeutung von objektiven Informationen. Die Macht definiert Wahrheit.

Das ist mehr als nur Propaganda.

Wie auch immer wir das beurteilen, es kann so oder so keinen Zweifel geben: das Böse ist unter uns. Auch in uns?

Darum sind die Worte immer noch aktuell: das Böse steht gegen Gott. Jesus, der die tiefsten Tiefen des Menschseins durchlitten hat, hat schon über das Böse gesiegt. Das gibt Hoffnung: Macht in dieser Welt ist relativ, auch die Macht des Bösen.

Im März 2022

Endlich Frühling!

Die sonnigen Tage haben die dunklen Tage im Januar fast vergessen lassen. Dafür warn die Temperaturen in den letzten Wochen noch zurückhaltend – das ist jetzt anders.

Die Singvögel sind wieder zu hören. Als Jugendlicher habe ich mir damals die Mühe gemacht, die einzelnen Vögel zu identifizieren. Darum habe ich morgen vor der Schule genau hingehört, welche Vögel sich bemerkbar machten. So habe ich damals den Frühling sehr bewusst erlebt. Das alles ist lange her. Nun ist keine Zeit mehr für solche Aufmerksamkeit.

Geblieben ist die Sehnsucht nach Sonne und angenehmen Temperaturen, Sehnsucht nach draußen, Spazierengehen und Sitzen - mit einer leichten Jacke. Geblieben ist die Sehnsucht nach den Farben der Blumen im Frühling. Vielleicht ist das Sehnsucht nach einem kleinen Stück heiler Welt in dieser bedrohten Welt mit Bildern vom Krieg in der Ukraine, von Flüchtlingen, dazu Umweltzerstörung, Klimawandel.

Es tut gut, wenigstens für einen längeren Moment auf Zeichen des Frühlings zu achten und Sonne zu tanken, den inneren Speicher der Seele wieder zu füllen. Ist das egoistisch? Ich meine: nein. Wir brauchen alle innere Kraft für den Alltag zwischen Kriegsbildern aus der Ukraine, Corona und den täglichen Aufgaben.

Da kann dieser Hinweis aus der Bibel eine wichtige Hilfe sein:

„Der Herr ist mein Licht und mein Heil, vor wem sollte ich mich fürchten? Der Herr ist meines Lebens Kraft, vor wem sollte mir grauen?": (Psalm 27,1 - „Herr" steht für Gott).

Wer diese Worte vor mehr als 2.500 Jahren aufgeschrieben hat, hat sich damit zu Gott als die Kraft für das eigene Leben bekannt. Mit allem, auch mit der Schöpfung, mit dem Blick auf keimendes Leben, auf blühende Blumen und sprudelndes Wasser – und mit allem schwierigen Erleben.

Dieser Blick auf die Schöpfung, auf Gott selbst, tut uns gut und gibt Kraft für diese Zeit und kommende Zeiten.

Im Frühling 2022

Langeweile und Kirche – ein unzertrennliches Paar?

Kirche verbinden nicht wenige Menschen in unserem Land mit Langeweile. Warum? Weil die Botschaft der Bibel langweilig ist und niemanden vom Hocker reißt? Oder weil die Konfirmandenzeit so quälend lange dauerte?

Die Frage ist keineswegs langweilig, warum Kirche und Langeweile so sehr miteinander verbunden werden!

Vielleicht ist es so: langweilig wird es immer dann, wenn wir zu wissen meinen, was kommen wird. Und wenn das Erwartete eintritt, wird damit die Langeweile bestätigt. Klar, in der Kirche geht es um Gott und Jesus. Manche meinen zu wissen, was in der Kirche auf sie zukommt, was sie dort zu erwarten haben. Das gilt insbesondere für den Gottesdienst. Egal, welcher Bibeltext ausgelegt werden soll, es scheint schon vorher festzustehen, worüber die Predigt „geht". Dabei geht es in der Kirche vor allem um uns Menschen. Jesus hat einmal gesagt *„Ich bin gekommen, dass sie das Leben und volle Genüge haben sollen."* (Johannes 10,10b)

Jesus möchte ein erfülltes Leben für uns Menschen. Darum geht es in den Predigten und Andachten: wer Jesus für uns Menschen ist und wie wir mit der Botschaft von der Liebe Gottes leben können.

In der Kirche geht es nicht um Einschränkungen und Aufgabe von Freiheiten, sondern um ein erfülltes Leben im Vertrauen auf Jesus. Dafür gibt es viele Veranstaltungen, Projekte, Gruppen und Kreise in den örtlichen Kirchengemeinden und darüber hinaus. Ein erfülltes Leben ist alles andere als langweilig. Es birgt Überraschungen und bleibt spannend. Wer genauer hinschaut und für Überraschungen offen ist, wird entdecken, dass Kirche und Langeweile weniger zusammen passen als gern behauptet wird. Kirche und Gott sind spannend, denn es geht dabei um Leben, um Glaube, Hoffnung und Liebe.

Konfirmation wie ein Feuerlöscher?

Gottesdienst zur Konfirmation: ein Feuerlöscher steht auf der Kanzel.

Was soll das bedeuten? Die Spannung steigt. Mit der Predigt kann die Erklärung: Feuerlöscher sind für bestimmte Gebäude oder Räume vorgeschrieben. Damit sie auffallen und im Notfall griffbereit sind, sind sie rot lackiert. Und sie müssen in der Regel alle zwei Jahr in ihrer Funktionsfähigkeit überprüft werden. Sie sollen im Notfall funktionieren.

Wird die Konfirmation nicht manchmal so ähnlich verstanden? Die Konfirmandenzeit wie eine Vorbereitung auf einen Notfall, der möglichst nicht eintritt, nämlich eine schwierige Situation im Leben? Oder allgemeiner: es ist wichtig, dass es Kirche und Glaube gibt, wenn es eine schwere Krise im Leben gibt. Als sei der christliche Glaube wie ein Feuerlöscher. Manches scheint diese Meinung zu bestätigen: so geht das Beten einfach: „Beten kann doch jedes Kind!" Da ist noch nicht einmal eine regelmäßige Wartung nötig wie bei Feuerlöschern,

Und doch: Glaube äußert sich im Beten. Und Beten ist doch mehr als nur Gott die eigenen Wünsche auflisten. Beten ist Kommunikation mit Gott, das schließt stillwerden, „innerliches Hören" auf Gott ein. Beim Beten geht es weniger um den eigenen Glauben als vielmehr um Gott.

Beten bedeutet, in einer Übereinstimmung mit Gott zu leben. Gott macht uns offen für sich und sein Wirken in dieser Welt, sowenig wir davon auch wahrnehmen, gerade in dieser Zeit.

So ist christlicher Glaube mehr als ein Feuerlöscher, mehr als nur für irgendwelche Krisen. Gott will immer wieder in unser Leben eingreifen und es in seinem Sinn verändern.

Schrei aus der Tiefe

Nicht wenige Menschen reden gern über die eigene Gesundheit, also über Krankheiten. Das tun sie besonders gern im Wartezimmer des Hausarztes. So sind alle über die aktuellen Gesundheitszustände vieler Menschen informiert, wenn auch unfreiwillig.

Über Tiefpunkte im Leben redet kaum jemand. Vielleicht, weil wir damit unsere Schwäche zugeben. Tiefpunkte können mit Konflikten in der Partnerschaft, in der Familie, im Zusammenhang mit der Arbeit oder in Nachbarschaft entstehen. Eine Kündigung, negative Bewertungen in der Ausbildung, Liebeskummer oder die Folgen eines schweren Unfalls können Tiefpunkte auslösen, die zu Tiefphasen werden können. Oder ein Depression stellt sich ein – ohne einen Auslöser zu ahnen.

Tiefpunkte im Leben stellen uns bloß, zeigen, wie wenig wir unser Leben wirklich im Griff haben. Aber auch, weil nicht klar ist, wie es wirklich besser weitergehen kann, sind Tiefpunkte schwer auszuhalten. Manche geraten in einer solchen Phase in tiefste Zweifel am Leben, auch an Gott. Sie fühlen sich damit allein. Dann melden sich Frage, nicht zuletzt die Frage nach dem oder nach einem Sinn des Lebens, auch die Frage nach dem Leid: warum gerade ich? Gibt es einen Sinn für schwere Wege? Wie lange kann ich meine Belastungen tragen?

Viele Fragen, auf die es zuerst keine Antwort gibt. Und wenn, dann allmählich tastend wie im Nebel. Fragen nach dem Leid sind uralte Fragen der Menschheit.

In der Bibel, vor allem im Alten Testament werden solche Fragen und Bitten an Gott formuliert: *„Tief aus dem Abgrund, HERR, rufe ich dich: Mein Herr, höre meinen Hilfeschrei!"* (Psalm 130, nach der Basis-Bibel).

Beten muss nicht immer aus gut formulierten Worten bestehen, wir können so beten, „wie uns der Schnabel gewachsen ist". Also auch mit Schreien, mit Zweifeln, mit Anklagen und Vorwürfen.

Wir sollen erleben: Gott trägt uns auch in der Tiefe, auch im Abgrund, im freien Fall, in tiefsten Zweifeln an Gott selbst.

Mit den Tiefpunkten können wir zu Gott kommen, auch mit den Fragen, die wir niemanden stellen mögen, weil andere doch kein Verständnis haben können.

Das Gebet kann eine Hilfe in Tiefpunkten sein – auch wenn sich die eigene Lage objektiv gesehen nicht geändert hat.

Inhaltsverzeichnis

Vorwort 1

Erntedank im Kuhstall 3

Leistung von Geburt an? 5

Brücke der Hoffnung 7

Klare Rede 9

Trost? 10

Unnötig verschwendet? 11

Kontaktverbot? 13

Hoffnung gegen Corona 15

Hoffnung in Sicht 17

Wem folgen? 19

Kontaktverbot ? Enge Verbindung! 21

Gott loben in Beschränkungen? 23

Beten in der Speisekammer? 25

Erneuerung 28

Die Bitte um den Geist Gottes 30

Gott segnet gern 32

Ruhe und Kraft 34

Ferien – gesegnete Zeit 36

Gastfreundschaft 38

Hoffnung schaut hinter den Horizont 40

Lebensänderung 42

Lichtgestalt 45

Mit sehenden Augen blind sein 48

Niemand soll übersehen werden 51

Ausgegrenzt und doch dabei 54

Was ist der Mensch ? 57

Grund zum Danken 60

Reif für die Insel? 63

Stille Adventszeit 65

Durch seine Wunden sind wir geheilt 66

Aus Angst wird Freude 69

Neuanfang 72

Ausgesorgt 75

„Ihre Verbindung wird gehalten" 78

Ein Lied für Gott 81

Beten zwischen Himmel und Erde 84

Im Himmel und auf Erden 87

Von Gottes Geist beschenkt 90

Wie neu geboren 93

Weg durch Ungewissheiten 96

Eingeladen 99

   Einstimmung 101

   Begrüßung 101

   Lied 102

   Stille 104

   Vater unser Segen 106

Stürmische Zeiten 108

Aliens und UFOs 110

Endlich Frühling! 111

Langeweile und Kirche – ein unzertrennliches Paar? 113

Konfirmation wie ein Feuerlöscher? 114

Schrei aus der Tiefe 115

FSC
www.fsc.org
MIX
Papier aus verantwortungsvollen Quellen
Paper from responsible sources
FSC® C105338